J. M. ROLAND DE LA PLATIÈRE

VOYAGE EN FRANCE, 1769

PUBLIÉ PAR

Ol. PERROUD

VILLEFRANCHE

IMPRIMERIE AURAY FILS ET L. DESCHIZEAUX

1913

UN VOYAGE

DE

J. M. ROLAND DE LA PLATIÈRE [1]

(1769-1770)

———

EAN-MARIE ROLAND DE LA PLATIÈRE, qui fut ministre de l'Intérieur en 1792, comptait alors 38 ans de services dans l'administration comme inspecteur des manufactures.

Il avait beaucoup voyagé, non seulement par suite des déplacements de sa carrière, de Rouen à Lodève, de Lodève à Amiens, d'Amiens à Lyon, mais aussi et surtout avec des missions d'études, dont ses chefs l'avaient chargé. C'est ainsi qu'il parcourt la Provence (septembre 1766), la Flandre, la Belgique et la Hollande (août-septembre 1768), nos provinces de l'Est, puis la Suisse, le Bourbonnais, le Nivernais, etc... en août-décembre 1769, l'Angleterre en 1771 (2), toutes nos provinces de l'Ouest, Maine, Bretagne, etc... en 1772. En 1773, il retourne en Suisse, et de là passe en Dauphiné, en Auvergne, visite le Rouergue, le Quercy, le Haut-Languedoc, le Roussillon, la Catalogne, le Béarn, la Gascogne, revient par Bordeaux, La Rochelle, Poitiers, Tours et Orléans. En

---

(1) Le texte de Roland est en gros caractères.
(2) Il y retourna en juillet 1778.

J. M. ROLAND DE LA PLATIÈRE

VOYAGE EN FRANCE, 1769

PUBLIÉ PAR

Cl. PERROUD

VILLEFRANCHE

IMPRIMERIE AURAY FILS ET L. DESCHIZEAUX

1913

1775, il part pour l'Allemagne par Mayence et Francfort, pousse jusqu'à Vienne, passe en Silésie et en Saxe, arrive à Berlin, et revient par le Hanovre, la Westphalie, etc...

En août 1776, il va en Italie par la Suisse, pénètre jusqu'en Sicile et ne rentre en France qu'en septembre 1777.

Nous connaissons ces voyages par les résumés qu'il en a donnés dans des *Mémoires de services* adressés à ses chefs, mémoires qui se trouvent aux *Papiers Roland* de la Bibliothèque nationale (manuscrits 6238 à 6244 des nouvelles acquisitions françaises). Il a d'ailleurs publié lui-même, en 1780, la relation de son voyage d'Italie de 1776-1777 (1). Mais de ses autres courses à travers la France et l'Europe, nous ne savons que ce qu'il en dit lui-même dans les mémoires dont je viens de parler (2). Un manuscrit, que possède notre bibliothèque de Villefranche, va nous permettre de le suivre dans son voyage de 1769.

La partie de beaucoup la plus considérable de ce manuscrit est une relation, de 52 feuillets, tout entière de sa main, et intitulée :

VOYAGE DE LA SUISSE, *partant d'Amiens et passant par Rouen, Paris, Crépy, Soissons, Rheims, Chalon, Clermont, Verdun, Metz, Nancy, Lunéville, Strasbourg, Colmar, Basle, Soleure, Berne, Fribourg, Lausane, Genève, Lyon, Villefranche, Roane, Moulin, Nevers, La Charité, Côme, Briare, Montargis, Paris, Beauvais et Amiens, commencé le 30 août 1769, et fini le 3 janvier 1770. — 500 lieues de route.*

Roland semble l'avoir rédigée au retour, d'après ses notes prises au jour le jour. Tout fait présumer qu'après chaque voyage il en faisait autant, et que ce sont ces manuscrits qu'il laissa, lorsqu'il partit pour l'Italie en 1776 (3), entre les mains de sa jeune amie, Mlle Phlipon (celle qu'il devait épouser quatre ans plus tard).

La publication intégrale de cette relation serait trop longue,

----

(1) *Lettres écrites de Suisse, d'Italie, de Sicile et de Malthe, par M..., avocat en parlement, etc... en 1776, 1777 et 1778.* — Amsterdam, 1780, 6 vol. in-12.

(2) J'ai réuni, dans mon édition des *Lettres de Mme Roland*, publiée en 1900-1902, aux appendices D et E (t. II, p. 573-624) tous les renseignements sur ces voyages que fournissent les *mémoires de services.*

(3) « Il m'avait choisie pour la dépositaire de ses manuscrits, desquels je demeurais maîtresse, s'il lui arrivait malheur. » (*Mémoires de Mme Roland*, t. II, p. 237 de mon édition).

d'autant plus qu'elle offre souvent peu d'intérêt ; j'y ferai donc de fortes coupures, conservant tout ce que Roland, économiste instruit et observateur à l'œil exercé, dit au sujet de l'état des terres, des manufactures, des routes et des moyens de transport, supprimant au contraire ses remarques sur les monuments qu'il visita (car il n'est qu'un médiocre archéologue (1), malgré ses prétentions). Je relierai par de brèves analyses ces extraits, déjà fort étendus.

Je crois d'ailleurs inutile de faire remarquer au lecteur (qui de lui-même s'en apercevra bien vite) que Roland est un piètre écrivain ; il sait bien toujours ce qu'il veut dire, mais il le dit mal, dans un style souvent barbare, parfois déclamatoire (bien que cependant, dans quelques cas, il arrive à l'effet voulu). Ajoutez que cet homme de vie austère ne recule pas devant certains détails d'une crudité déplaisante, que je conserverai néanmoins, précisément parce que cela le fait mieux connaître ; que, nourri des encyclopédistes, foncièrement mécréant, il ne ménage ses sarcasmes ni aux prêtres et moines, ni aux souverains et puissants du jour.

La relation se compose de trois parties distinctes :

1° Le voyage de Paris à Bâle (f⁰ˢ 1-30 du manuscrit), où les descriptions sont surtout d'un touriste ; c'est la partie où je ferai le plus de retranchements, car les descriptions de monuments connus, décrits dans tous les dictionnaires ou guides, et particulièrement dans le *Dictionnaire universel de la France*, de Robert de Hesseln, qui parut précisément vers cette époque (6 vol. in-8°, 1771) ne nous apprendrait pas grand'chose. On n'y trouve rien sur les manufactures, sans doute parce que l'inspecteur, ayant déjà passé par là, a dû consigner ses observations dans quelque autre relation. Mais il y a sur la culture des terres des remarques intéressantes ;

2° Son séjour en Beaujolais (f⁰ˢ 31-38 du manuscrit), à Villefranche et surtout au Clos, qui contient beaucoup de renseignements sur sa jeunesse et sur sa famille ;

3° Son retour de Villefranche à Paris (f⁰ˢ 39-52 du ms.), par les provinces du Centre, Bourbonnais, Nivernais, etc. Ici, l'inspecteur des manufactures reparaît, observant avec minutie, décrivant de

---

(1) Les *Lettres d'Italie* surabondent en descriptions des œuvres d'art. Il avait d'ailleurs des connaissances techniques, et on va voir qu'il était en relations avec des artistes célèbres, Pigalle, Coustou le jeune, etc...

même. Ces pages sont vraiment neuves, et apportent une contribution utile à l'histoire de nos industries au XVIII° siècle.

Il convient d'ailleurs de prévenir le lecteur que les divisions qu'il
va rencontrer ne sont pas indiquées au manuscrit. Je les ai établies
pour la commodité de la lecture.

PREMIÈRE PARTIE

D'AMIENS A LA FRONTIÈRE SUISSE

—

I. — *Départ d'Amiens.*

Il y avait trois ans que Roland était inspecteur à Amiens, lorsque en 1769 il céda de nouveau à son humeur aventureuse, qu'encourageait d'ailleurs son protecteur, l'intendant des finances Trudaine de Montigny, chargé de la direction générale des manufactures.

Ce voyage, nous dit-il, était projeté et préparé depuis un an. Outre l'envie de voir et d'apprendre, Roland désirait passer en Beaujolais, « pour pressentir ma famille, dit-il, sur certains arrangements que je méditais de loin » (1).

Il s'était assuré d'un compagnon de route ; c'était son ami Louis Cousin-Despréaux (2), qu'il était convenu d'aller prendre à Rouen. Roland avait passé dans cette ville dix années de sa jeunesse (1754-1764) et y avait laissé des amis très chers, qu'il était heureux d'aller revoir.

Il part donc (3), le 30 août 1769, entre 4 et 5 heures du matin (on se levait tôt en ce temps-là), à cheval, sur « une mazette », sur « un cheval *quitte* ». L'expression reviendra plusieurs fois au cours de son récit, et je ne puis l'expliquer. Peut-être était-ce un cheval de louage qu'on laissait, une fois parvenu à destination, chez un correspondant désigné par le loueur.

---

(1) Lesquels ? On le verra plus loin, quand nous en serons au séjour de Villefranche.

(2) Littérateur distingué (1743-1818), qui eut en son temps quelque notoriété, et qui travaillait alors à une *Histoire de la Grèce* à laquelle Roland collabora.

(3) Je laisse de côté le préambule de sa relation, qui n'est qu'une déclamation obscure sur ses ennuis administratifs. Il était loin d'être un fonctionnaire docile.

Dans cette première journée, Roland fait « dix-huit lieues de suite », passant d'abord par *Poix* (1).

Il y a, dit-il, d'assez gros marchés dans cette petite ville, et, plusieurs métiers d'étoffes communes qu'on vient vendre à Amiens. Le paysage est triste et le terrain sec et aride. Je fus de là dîner à *Aumale* (2), ancienne petite ville, plus grande cependant, plus peuplée et très commerçante par sa manufacture de serges considérable et très ancienne. On arrive de là à *Neufchâtel* (3), encore une de ces petites villes comme il serait à désirer qu'elles fussent toutes, dont une bonne partie des habitants cultive les environs et une autre donne asile aux passants. On y fait un petit commerce de toiles, de denrées et de bestiaux, mais les fromages, d'une finesse et d'un goût exquis, lui donnent de la célébrité.

La route entre Aumale et Neufchâtel est affreuse à tous égards et n'est guère praticable qu'en temps sec ou dans les fortes gelées. C'est cependant route de poste; mais il n'y a point de relais dans ces cinq lieues... Après Neufchâtel, le pays s'aplanit et s'étend, les terres sont meilleures, et l'on trouve une différence totale du pays de Bray qu'on quitte au pays de Caux dont on approche.

Arrivé à *La Boissière* (4), j'étais brisé, triste fruit de la mollesse des villes; tellement qu'assis dans ma chambre, je soupai et me déshabillai à la même place, dont je ne pus démarrer à grand'peine que pour me jeter au lit.

Je crois bien! Après dix-huit lieues d'une traite, sur « une mazette ».

---

(1) Chef-lieu de canton de la Somme, à 28 k. O. d'Amiens.

(2) Chef-lieu de canton de la Seine-Inférieure, sur la Bresle.

(3) Sous-préfecture de la Seine-Inférieure, sur la Béthune.

(4) A trois lieues de Neufchâtel, dit Roland. Ce devait être un simple hameau; il ne figure pas au Dictionnaire des communes de France, de Joanne.

Le lendemain, 31 août, par un magnifique lever de soleil, Roland se remet en route, et arrive à *Rouen* entre 8 et 9 heures du matin, presque entièrement délassé.

II. — *Rouen.*

Rouen est une de ces grandes capitales de province où le commerce et la négociation sont dans la plus grande splendeur, ville de luxe et d'opulence, où les Cours souveraines (1) tiennent un rang distingué, soit par la richesse et la naissance d'un grand nombre de leurs membres, soit par l'étendue et l'importance de leur ressort. Les talents y prennent naissance et commencent à s'y développer avec quelque essor peut-être plus que dans aucune autre province, pour aller ensuite se perfectionner dans les capitales du monde. La trempe y est excellente et propre à tout : peut-être un peu lente et froide ; mais capable de vaincre l'une et l'autre par la constance ; on y trouve du reste des établissements propres à seconder toutes les dispositions (2).

Roland décrit ensuite la ville, « fort laide, on ne peut plus mal bâtie et mal percée ». Il signale notamment :

Le quai où abordent les vaisseaux d'assez peu de charge pour pouvoir remonter juqu'à Rouen, et où il y en a quelquefois jusqu'à 2 ou 3 rangs de nombre de nations, principalement de celles du Nord ; la Bourse découverte qui est sur le quai ; le beau pont de bateaux et unique dans son genre qui la traverse ; les promenades extérieures, et deux édifices, qui sont l'église de l'abbaye de Saint-Ouen, Bénédictins de la congrégation de Saint-

---

(1) Un Parlement, une Chambre des comptes, une Cour des aides, etc...

(2) Allusion aux cours publics fondés par l'Académie de Rouen, cours que Roland avait suivis et où il avait eu des prix.

Maur, qui est un chef-d'œuvre de délicatesse dans le genre gothique, et la cathédrale, beaucoup moins délicate, mais plus vaste et d'un détail immense : ces choses-ci, dis-je, font tout l'ornement de la ville. J'y ai demeuré dix ans, dans cette ville, et je l'ai quittée avec trop de regrets pour n'y pas retourner toutes les fois que je le puis, et n'en pas parler encore.

Je supprime ici une description des morceaux de sculpture et des tableaux de la cathédrale de Rouen. Roland ajoute ensuite, à propos des tableaux :

J'indiquerai seulement que MM. Ribard (1) et Planterose en ont des plus grands maîtres, et MM. de Couronne (2) et Descamps (3) une belle collection d'estampes.

Cette belle journée du 31 s'embellit encore par l'épanchement de cœur entre de bons amis qui ne s'étaient pas vus depuis longtemps et s'employa au surplus à faire le plan et régler la marche du grand voyage.

Le 1er septembre, j'allai à *Elbeuf* voir des parents qu'un confrère y avait attirés pour une fête ; j'y arrivai au levé de tout ce monde. C'était la foire, la cohue plutôt, car il y était principalement question de mangeaille et de gambades, telles que les *vogues* dans mon pays, et les *caïrmès* ou *ducas* (4), de la Flandre et de la Hollande. Tout était plein, les chemins, les rues, les places et les maisons. J'y passai la journée, et je m'en revins aussi rapidement le soir que j'y avais été le matin.

Cette petite ville, extrêmement commerçante par sa fabrique et les grains de ses environs, est située au-dessus de Rouen, à 4 lieues, sur la Seine. Le fabricant y fait

---

(1) Ribard, avocat au parlement.
(2) Haillet de Couronne, secrétaire perpétuel de l'Académie de Rouen.
(3) Descamps, directeur de l'école de dessin de Rouen.
(4) Roland veut dire *kermesses et ducasses*.

ses expéditions lui-même, et y est monté sur le même ton, quant à la fortune et l'allure du commerce, que les fabricants de drap du Languedoc, de Sedan et d'ailleurs.

Le 2, je séjournai à Rouen sans autre affaire que celle de cultiver et jouir de l'amitié, et elle se trouve toujours assez importante.

III. — *De Rouen à Paris.*

| Le 3, de grand matin, nous prîmes la voie des batelets (1) pour gagner Paris. Cette voiture est prompte et peu dispendieuse, et en cela convient fort à des hommes, car on doit rester chez soi si l'on craint la fatigue. La chaise de poste, qui est la voiture la plus prompte et la plus douce en apparence, est celle qui fatigue le plus à la longue, et ne convient à aucun autre égard qu'à des gens dont tout le mérite est dans leur bourse...   ·

On débute par un batelet, 2 lieues ; des chevaux, 5 lieues : un batelet, 7 à 8 lieues ; à pied, 1 lieue ; un batelet, 7 à 8 lieues pendant la nuit, et l'on arrive à Poissy en 24 lieues : de là à *Paris*, 5 lieues en voiture, ou à Saint-Germain à pied, 1 lieue, où l'on trouve également des voitures pour Paris. Enfin nous y arrivâmes le 4 avant midi.

Notre usage, et c'est le bon, quand on n'a pas de voiture à soi, [c'est] de s'en assurer d'une pour le départ en arrivant. Cela fait, nous prîmes gîte au même lieu, nous allâmes dîner, voir l'Exposition du Salon au Louvre, que nous trouvâmes une des plus nombreuses et en même temps des plus médiocres qu'on ait vues depuis bien des années...

---

(1) C'était, comme on va le voir, une organisation de bateaux par lesquels on remontait ou descendait la Seine dans les parties de son cours qui étaient à peu près dans l'axe de la ligne directe de Rouen à Paris, sauf à prendre des chevaux ou à aller à pied pour couper les boucles du fleuve. ·

Nous parcourûmes encore plusieurs des endroits où l'on élève des édifices publics ; mais il y a si peu d'accroissement d'une année à l'autre, que nous n'y aperçûmes rien de nouveau que la voie qu'on ouvre du milieu de la place de Louis XV, vis-à-vis la grande allée des Tuileries, en droiture au pont de Neuilly qu'on construit.

IV. — *De Paris à Reims.*

Le lendemain 5, nous partîmes par des chevaux *quittes* à *Senlis* pour *Nanteuil* (1), où nous dinâmes chez les Bénédictins. De là, à *Crépy* (2), d'où nous renvoyâmes les chevaux à Senlis : 10 + 3 + 5 = 18 lieues au lieu de 10 en droiture. Il fallut arriver de bonne heure pour faire ce renvoi, et taire notre projet, sans quoi on se fût bien gardé de le seconder. Un homme parti longtemps après nous pour ramener les chevaux, et arrivé longtemps avant eux, fut fort étonné de les voir venir du côté opposé à celui où il les attendait, et il y a apparence, à l'humeur qu'il montra de notre écart supposé, qu'il ne se décida pas à les remmener le même jour.

Nanteuil est une petite ville, peu peuplée et dans un fond, sur la route de la Champagne. On y voit un château qui appartient au prince de Condé ; jusque là, les terres y sont comme celles de la plaine de St-Denis : terres arables, vastes et très découvertes, à l'exception de quelques châteaux et parcs semés çà et là, et des che-

---

(1) Nanteuil-le-Haudouin, chef-lieu de canton de l'Oise. Roland, qui avait deux frères bénédictins, trouvait là des amis. On va voir, dans la suite, qu'il profita partout, notamment à Nevers, de l'hospitalité cordiale de l'ordre.

(2) Crespy-en-Valois, où son frère, Jacques-Marie, dont il va parler, était procureur au prieuré de Saint-Arnould.

mins qui, comme dans tous les environs de Paris, sont assez bien alignés, très larges, bien pavés et bien plantés. Le terrain de tout le plat pays de Paris est de nature sablonneuse et diminue toujours de qualité à mesure qu'on s'en éloigne, parce qu'il se trouve privé de la prodigieuse qualité d'engrais de toutes les espèces qu'on répand aux environs de Paris.

Des trois lieues de Nanteuil à Paris, on en fait au moins une et demie dans les bois : pays aride, sables maigres au travers desquels percent de gros grès, aspect sauvage. Les environs de Crépy fournissent de vastes plaines, infiniment meilleures du côté de Senlis et de la forêt de Compiègne, qui n'est qu'à 1 1/2 ou 2 lieues.

Crépy est la capitale du Valois, apanage du duc d'Orléans, ville d'environ 3.000 âmes, située sur le penchant d'une colline au bas de laquelle est une longue vallée très étroite et fort marécageuse. La cherté des grains dans ces dernières années a fait défricher de part et d'autre quelques-uns de ces côteaux secs et arides, qui ne l'avaient été de mémoire d'homme...

... Nous étions logés au prieuré de St-Arnoud, bénédictins de Cluny, où j'ai un frère procureur. Son amitié pour moi, la douceur du régime de cet ordre, l'accueil qu'ils font tous aux étrangers, et surtout aux parents et amis de leurs confrères m'engagent à aller passer toutes les années, surtout lorsque j'en suis à portée comme à présent, une quinzaine de jours dans cette maison, qui est comme la maison de plaisance de l'ordre, et où l'honnêteté, la décence, la joie et l'aisance règnent toutes ensemble. Il y fallut séjourner, contre notre intention, parce que, la saison s'avançant, nous voulions profiter des beaux jours. Mais l'amitié, plus forte que tous les projets, l'emporta sur les résolutions mêmes. Il faut connaître ce frère pour l'estimer ce qu'il vaut : un ton brusque le trahit, mais il est d'une sensibilité extrême, et il a le cœur sur les lèvres. Ayant quitté le monde avant de le connaître, et s'en étant consolé après l'avoir connu (je dois dire que mes aventures ou plutôt mes infortunes y ont beaucoup contribué), il a eu le temps de prendre goût pour son état, et il y vit content. L'étude ne le fixa point ; et, d'après cela, on peut voir sa façon de penser sur la religion. Aussi est-ce la seule chose au monde sur laquelle nous n'entrions pas en confidence. Les affaires furent plus de son goût, et l'on l'y décida de bonne heure : sa grande activité, l'austérité de ses mœurs, son indifférence pour les commodités de la vie lorsqu'il est le plus à même de se les donner, jointe à son attention pour celles des autres, lui ont valu l'amitié de ses supérieurs, et l'ont fait regarder sans jalousie dans sa position, même par ses confrères les plus âgés.

Crépy a une manufacture de petites porcelaines, qui a déjà souffert bien des révolutions et qui ne prend qu'un bien faible accroissement. Il y a de très gros marchés chaque semaine dans cette petite ville, principalement en grains et autres denrées, mais aussi en bétail gros et menu, chevaux, etc...

Villers-Cotterets, à trois lieues de Crépy, fut aussi autrefois une petite ville. Le château, vaste et antique, qui appartient au duc d'Orléans, n'est remarquable que parce qu'il fut jadis une des maisons de plaisance de nos rois. Pour y arriver de Crépy, on traverse d'abord le bois du Tillet pendant une lieue, jusqu'au grand chemin que nous avions quitté à Nanteuil et qu'on va reprendre. Ce bois est bien entretenu, percé en tous sens de belles routes de chasse, extrêmement peuplé de bêtes fauves qui dévorent ordinairement la récolte de tous les environs et que le prince vient chasser de temps à autre. L'aspect ensuite est affreux, le terroir y est inculte et incultivable. Ce n'est qu'aux approches de Villers-Cotterets que le pays se découvre et devient meilleur. Les plantations de la route reprennent et les environs sont cultivés et entretenus de manière à annoncer qu'un grand y réside. La vue bornée se porte principalement sur la forêt du nom du lieu, dont le commencement, sur le côteau en face du château, n'en est séparé que par une très petite vallée. Cette forêt immense a environ 2 lieues de traverse dans cet endroit. L'obscurité qu'y procure en certains lieux l'épaisseur des feuillages, la grosseur de nombre d'arbres qui en annonce la vieillesse, la liberté dont on les sent jouir en poussant leurs branches où la seule nature les guide : tout enfin y imprime une sorte de respect et y entraîne à cette douce mélancolie qui n'est le partage que des âmes exemptes de remords et d'ambition, que des âmes pures et sensibles.

Au sortir de là, on découvre un pays beaucoup meilleur que le précédent et toujours de plus en plus jusqu'à *Soissons*, qui est dans une grande vallée, parsemée de maisons de plaisance, très fertile et très agréable. Le Soissonnais doit être considéré comme un pays très abondant en excellentes denrées, en très belles laines, et le meilleur de tous les environs. La ville, située sur la rivière d'Aisne, à 6 lieues de Villers-Cotterets, 9 de Crépy et 12 de Reims, semble plutôt un amas d'églises, de moines et de prêtres, que le séjour tranquille d'utiles citoyens. On ne voit que de ces gens-là partout, et peu des autres. Si l'on n'en voyait en aussi grand nombre ailleurs, on croirait que c'est ici la métropole de cette engeance, et qu'elle est chargée d'envoyer des colonies dans tous les autres pays : elle a 6 abbayes, paroisses, chapitres sans fin, etc..., etc...

Suivent quelques lignes sur les promenades et les édifices de Soissons. Puis Roland continue :

Nous y étions arrivés sur les 3 heures après-midi, nous en repartions le lendemain 8, à 8 heures du matin, d'un temps affreux, et à cheval, avec un homme pour les ramener, faute d'autre voiture.

La vallée se resserre, le pays s'élève, et le terrain est plus maigre à mesure qu'on s'éloigne. A *Brême* (1), petite ville à 4 lieues, à Mme la comtesse d'Egmont, qui y prend le titre d'altesse, les points de vue commencent à y être courts et tristes; ils le sont encore à *Fismes* (2), autre petite ville, 3 lieues par delà, où nous dînâmes, et jusqu'à ce qu'on découvre *Reims* ou ses environs, le pays n'offre rien d'agréable. Ici, la vue s'étend sur une plus large vallée, sur des fonds meilleurs et mieux cultivés, sur quelques côteaux couverts de vignes, sur la ville de Reims enfin, tout ce concours en rend l'approche fort agréable...

V. — *Reims.*

... Reims est une grande ville riche, commerçante, peuplée, bien bâtie et bien percée. La nouvelle place de Louis XV y fait un très bon effet...

Suit une description de cette place et du monument qui en occupe le milieu, à savoir la statue de Louis XV accompagnée des statues du Commerce et de la France, du grand sculpteur Pigalle. Je supprime tout cela (car il n'y a rien là qu'on ne trouve dans les guides), pour n'en retenir qu'un assez curieux détail :

Le fameux Pigalle s'est peint d'après nature dans la figure pleine de sécurité du commerçant qui accompagne la statue du Roi d'une part, et a donné à la France, qui est de l'autre, la figure de sa maîtresse. C'est un bel art que celui d'immortaliser ce qu'on aime en s'immortalisant doublement soi-même.

-----

(1) *Sic.* Roland a voulu dire Braisne, chef-lieu de canton de l'Aisne.

(2) Fismes, chef-lieu de canton de la Marne.

Dans la description de la cathédrale, le voyageur signale, en termes trop crus, un détail dont ne se scandaliseront pas trop les archéologues qui connaissent la gargouille obscène de Villefranche :

[Il y a] une quantité prodigieuse de figures d'hommes, d'animaux, de dévotes, de diables, etc..., etc... qui sont du dernier ridicule. Un de ces derniers, placé sur la porte latérale à gauche, se *manuélise*, et, l'insolent ! avec plus de scandale que de volupté, car il rit.

Les grillages du chœur en fer doré, monument de la libéralité de feu M. Godinot (1), chanoine de cette église, sont très beaux, quoique d'un dessin trop menuisé.

Le chœur, pavé en marbre, et les piliers revêtus de même l'ont été aussi aux frais de M. le chanoine Godinot, lequel néanmoins a eu beaucoup de peine à obtenir la sépulture dans cette église, étant soupçonné de jansénisme. Tant l'ingratitude ecclésiastique est grande, et l'esprit de parti indécent et atroce !

L'on fait remarquer dans ce chœur la place du Roi et des grands officiers de la Couronne et des autres aux sacres : tout cela ne ressemble pas à grand'chose.

... Les promenades publiques de Reims sont charmantes, d'une vaste étendue et entretenues au mieux, variées de bosquets et de boulingrins bien distribués et bien dessinés ; on désirerait seulement plus de largeur à la grande allée eu égard à sa longueur. La rivière de Vesle termine agréablement cette promenade.

A quelque distance de la ville, du côté de St-Nicaise et de St-Remi, est la machine hydraulique qui fournit à

---

(1) Jean Godinot, dont il va être encore parlé plus loin. Voltaire parle de lui dans sa correspondance (éd. Beuchot, t. LVII, p. 71). Les Godinot étaient une famille considérable de Reims. L'un d'eux, s'était marié en Beaujolais avec une cousine de Roland, était devenu inspecteur principal des manufactures à Rouen, et c'est lui qui avait fait entrer son jeune parent dans cette administration. On verra plus loin qu'un de ses fils, ingénieur du roi à Strasbourg, y fera accueil à Roland.

la ville des eaux en abondance, dont elle manquait auparavant. C'est encore un monument de la bienfaisance du chanoine Godinot...

La bonne réception de M. Godinot, négociant de cette ville et parent du célèbre abbé, mérite commémoration. Nous y bûmes entre autres du vin de Champagne le plus délicieux que je crois avoir bu de ma vie.

Nous avons eu l'après-dînée entière du vendredi N. D. 8 septembre, pour voir le gros et l'extérieur de la ville ; nous examinâmes les détails dans la matinée du samedi, et, sur le midi, nous nous acheminâmes pour *Châlons* par la carriole aux lettres. La célébrité que les vins des environs de Reims et le commerce de ses fabriques donne à cette ville me dispense d'en parler.

VI. — *De Reims à Metz.*

La route de Reims à Châlons est fort belle, d'abord au long de la vallée de la rivière, qu'on traverse ensuite pour s'en éloigner toujours de plus en plus sur la droite où est située, à quelque distance plus ou moins grande, la chaine des côteaux qui fournissent les excellents vins de Champagne, Verzenay, Aï, Epernay, Hautvillers, etc. On voit chaque village ou groupe de maisons, peu distants les uns des autres, ce qui forme des points de vue très agréables, quoique un peu lointains. Le pays s'élève tout doucement, la vue s'étend en avant, et le terrain est plus maigre jusqu'à proche de Châlons, où il devient beaucoup meilleur.

Nous arrivâmes à Châlons sur les 4 heures, et nous eûmes assez du reste de la journée pour voir cette ville, qui n'a de remarquable que le bâtiment de l'Intendance, nouvellement et superbement construit, sur la rue d'une part, où les logements sont immenses, et de l'autre sur la promenade du Jard, que l'on vient de bouleverser entièrement pour y faire de nouvelles plantations plus élégantes; il n'y reste que la triple allée qui longe la rivière très au loin. On élevait de ce côté là une porte de ville, celle par où doit entrer la nouvelle Dauphine (1) et à qui, en conséquence, on en destine le nom. Elle sera, dit-on, ornée de médaillons en marbre de la main de Pigalle.

Il y a une compagnie des gardes-du-corps du Roi en garnison dans cette ville, qui d'ailleurs est aussi peu peuplée qu'elle est mal bâtie.

Nous eûmes les mêmes embarras ici qu'à Soissons pour une voiture; ce ne fut qu'après bien du tracas que nous trouvâmes pour toute ressource un homme plus âpre à l'argent et aussi peu traitable d'ailleurs, avec une carriole et un cheval. Heureusement, contre son attente et la nôtre, nous nous en débarrassâmes le soir même du jour de notre départ, à Clermont-en-Argonne.

Nous fûmes en route dès 4 heures du matin, le dimanche 10, jusqu'à 6 heures du soir, pour ce trajet de 13 lieues, en nous arrêtant pour la dinée à *Ste-Ménéhould*, 10 lieues de Châlons. Le temps fut affreux dans toute cette matinée. La route est bonne et les campagnes vastes; mais le terrain est ingrat, et rendant peu, faute de culture et d'engrais. On ne voit ni maisons ni arbres dans des espaces immenses, et les villages sont si éloignés les uns des autres que la plupart des cultivateurs de ces terres vont jusqu'à deux lieues et plus avec leurs bestiaux, portant vivres et fourrages, partant le matin et ne revenant que le soir, quel[que] temps qu'il fasse, sans le moindre gîte pour se mettre à couvert, et n'avoir

---

(1) Marie-Antoinette, qui allait arriver pour épouser, le 18 mai 1770, le dauphin (depuis Louis XVI). Elle fut en effet reçue à Châlons avec un très grand éclat, et c'est en son honneur que l'Intendant de la province, Rouillé d'Orfeuil, avait fait élever cette *porte Dauphine*. Voir là-dessus les *Mémoires secrets*, 17 décembre 1769, 12 janvier et 23 avril 1770.

à retirer [que] quelques gerbes de seigle de ces terres.
Soit toutes ces raisons, et qu'on craigne les courts jours
et les mauvais temps, soit que le pays y soit plus froid
que dans beaucoup d'autres parties du royaume, on y
ensemence les terres l'été, aussitôt après la récolte faite,
et les grains étaient levés et les terres déjà vertes.

A 5 à 6 lieues de Châlons, on traverse une voie ro-
maine qui s'élève encore en chaussée de part et d'autre
de quelques pieds au-dessus des terres. Elle est étroite,
comme elles l'étaient généralement, mais de toute solidité. Un peu après est un grand étang, qui porte le nom
de *Domartin* (1), fort mal entretenu, mais au travers
des joncs duquel on voit beaucoup de canards sauvages
et autres oiseaux d'eau. On serait tenté de prendre ce
pays pour la Champagne pouilleuse, si on ne la savait du
côté de Troyes.

De Reims à Châlons, on ne voit de vignes que sur
partie des côteaux au loin ; ils sont tous couronnés de
bois ; il n'y en a point dans le plat pays, et par conséquent de Châlons à Ste-Ménéhould, autour de laquelle
il y en a quelques coins, mais plus non plus jusqu'à
Clermont.

La petite ville de *Ste-Ménéhould*, si célèbre par ses
sièges et la retraite des Princes en 1614 (2) est dans un
bas-fond, sur l'Aisne, assez bien bâtie, très fortifiée
autrefois sur les côteaux qui la dominent et en faisaient
partie, mais entièrement démantelée aujourd'hui. Du
lieu très élevé de l'église, autrefois la paroisse du château, actuellement en ruines, on a un assez beau point de
vue.

Le *Clermontois* (3), est un pays tout différent du

---

(1) Dommartin-sur-Yèvre.
(2) La prise d'armes du prince de Condé, des ducs de Vendôme,
de Bouillon, etc... contre la régente Marie de Médicis.
(3) Le petit pays ayant pour capitale Clermont-en-Argonne, que
nos voyageurs avaient à traverser, entre Ste-Ménéhould et Verdun.

précédent, très montueux, couvert de bois et d'arbres fruitiers, plus peuplé ; les terres y sont bonnes et mieux cultivées. Le pays, de 15 lieues sur 10, appartient au prince de Condé, qui en perçoit les impositions à son profit, ce qui lui fait un objet de 500.000 l. de rente ; il est franc de plusieurs droits, tels que des dixièmes et autres, et les tailles, aides, etc... y sont très modérées. La boisson naturelle de ses habitants est le cidre, dont on récolte assez abondamment, ainsi que dans partie des Évêchés, de la Lorraine et de l'Alsace.

Parti de *Clermont* le 11 à 5 heures du matin, et arrivé à *Verdun* à 9 heures, 5 lieues ; d'où reparti à 4 heures du soir, toujours en carriole, pour arriver à Metz le 12, à 1 heure après-midi, 12 lieues.

Verdun est une grande et jolie ville bien bâtie, divisée par plusieurs bras de la Meuse en haute, basse et ville neuve. Le sexe y paraît très bien. Le commerce qui lui donne le plus de réputation est celui de ses dragées, très fines.

Passons une description de la cathédrale et du palais épiscopal de Verdun, pour montrer nos voyageurs causant avec leur conducteur :

Comme nos conducteurs de carriole étaient notre unique ressource en route, nous mettions leur pauvre petite mémoire à contribution sur tout ce qui concernait leur pays. Celui-ci était un petit marchand épicier, d'une douceur et d'une honnêteté sans égales, de cette bonhomie qui fait tout croire et d'une sensibilité extrême, nous entretenant de temps en temps du bon Dieu, et se sentant très heureux d'avoir accroché une bénédiction je ne sais où.

Les 12 lieues de Verdun à *Metz* en valent 15 à 16 de poste ; les premières se font au travers d'un bois immense, qu'on a défriché de chaque côté parallèlement au chemin d'environ deux portées de fusil, pour la sûreté et l'agrément des voyageurs. Vient ensuite une vallée en plaine des plus vastes et des plus fertiles, en partie inondée pour lors par les grandes pluies que nous avions essuyées jusqu'à ce jour-là même : on l'appelle la *l'effe* (1). Elle a, dit-on, 12 à 15 lieues de long du sud au nord, sur 3, 4 à 5 de largeur. Nous arrivâmes ce jour-là presque sur son autre rive, à *Herville* (2), 5 à 6 lieues de Verdun, mauvais village, où nous fûmes passablement cependant.

La suite du pays, jusqu'à peu de distance avant Metz, est très montagneux et peu fertile ; mais les environs de la ville sont pleins de côteaux couverts de vignes et d'arbres fruitiers, tous bien cultivés et d'un aspect charmant. Le pays Messin en général est agréable et fertile en toutes sortes de denrées. Je n'avais point encore vu de pays en France qui m'eût autant rappelé le souvenir du mien : tout plein de positions, tant par l'aspect que par les productions, mais parties à peu près semblables.

Il est à remarquer que depuis Soissons jusqu'à Metz nous n'avons pas trouvé de maison de plaisance, qu'une à peu de distance de Reims, ni presque aucun village si ce n'est dans le Clermontois et la plaine dont on vient de parler. Qu'on nous vante ensuite les pays à blé pour le site, je n'en connais point de plus triste, fussent même les grasses vallées de la Basse-Normandie et les fertiles plaines du pays de Caux ; ces pays peuvent être excellents ; mais comme il faut plus de bêtes que d'hommes pour les cultiver, le contraire des vignobles, où il faut un nombre d'hommes dont les forces réunies égalent au moins celles des animaux nécessaires ailleurs, qu'il faut des habitations à tout ce monde, que la nature de leur

---

(1) Lisez la *Woëvre*.
(2) Harville, canton de Fresne-en-Woëvre.

travail demande qu'elles soient plus rapprochées des lieux où il les attache, que le nombre des habitants soit plus grand, les possessions sont plus partagées, plus variées, mieux cultivées, que la nature même des productions demande des expositions qui se présentent d'une manière plus ou moins rapprochée, et non comme les plaines, toujours en fuyant, ou cachées par la moindre hutte, un bosquet, un arbre : le concours de toutes ces choses, indépendamment du climat, qui certes, n'est pas chose à négliger, doit faire préférer le séjour du vignoble à tout homme que l'amour de la patrie ou de grands intérêts n'attachent pas ailleurs. Le seul spectacle des hommes, nécessairement beaucoup plus nombreux, comme nous l'avons fait voir, spectacle le plus délicieux pour l'homme, s'ils étaient moins malheureux, non de ces hommes rangés sur des files toujours en uniforme et en armes, ce qui n'inspire que barbarie et esclavage, mais de pères de famille, de femmes et d'enfants, tous concourant à l'harmonie du tout, chacun à sa manière, et par des voies assez différentes pour annoncer en quelque manière la liberté et l'indépendance de leur être : ce spectacle, dis-je, déciderait. Ç'a été le sujet de plus d'un entretien entre mon camarade et moi, et l'on jugera aisément de la différence de nos opinions, peut-être d'après nos goûts, en se rappelant qu'il est de la province de Normandie et moi, de celle du Beaujolais. Mais qu'importe à l'amitié l'opinion sur cette matière !

VII. — *De Metz à Nancy.*

Metz, située au confluent de la Seille et de la Moselle, en partie dans un fond et partie sur une montagne, est une grande et belle ville, forte, peuplée et commerçante.

La Moselle la partage en plusieurs îles ; un des bras

passe sous les murs du jardin de *Boufflers* (1), qui est une belle promenade publique, dont la vue est très agréable, ainsi que la citadelle, qui n'en est pas éloignée. Ses ouvrages quoique considérables, par leur situation du côté de la France et dominée d'ailleurs, n'en sont pas le principal boulevard, mais des ouvrages souterrains, peut-être plus considérables encore, qui sont de l'autre côté.

Vient ensuite une description de la cathédrale, que je supprime ; puis une légende :

J'oubliais de parler de Pierre Piralle, architecte de la cathédrale, dont on fait remarquer le tombeau peu remarquable, en pierre, sur la porte de la petite sacristie : l'époque est de 1300. Cet homme, qui avait conçu un plan qui montre un goût délicat et un génie vaste, resta en chemin pour l'exécution : le diable, qui fut d'une si grande ressource en tant d'occasions, ne fut pas oublié dans celle-ci ; bref, marché fait par écrit, signé de part et d'autre ; mais la minute s'est perdue depuis et ce n'est pas une des moindres pertes qu'on ait faites. L'un se donne quand il sera mort et en terre, et l'autre lui fournit matériaux, vie, force et santé pour achever le tout dans tel temps. La besogne faite, voyez un peu la mauvaise foi de l'homme, à moins qu'elle ne soit permise vis-à-vis du Diable : il ordonne de le placer après sa mort où il est, de sorte que, tant qu'il sera hors de terre, le Diable n'a rien à y prétendre...

L'hôtel de la comédie forme le corps du milieu d'une place agréable, bordée par la rivière, et ayant une jolie promenade à l'un des bouts. La salle est peut-être, à tous égards, la plus belle du royaume : la troupe était mauvaise. Nous n'y vîmes que quelques habits bourgeois au

---

(1) « Le jardin du Gouvernement se nomme *Jardin de Boufflers* ; c'est le seul jardin public de Metz ». (Robert de Hesseln, *Dictionnaire*).

parterre seulement, une dizaine de femmes aux loges, fort laides, et mises d'une manière peu distinguée, et plus de 1000 à 1200 officiers ou soldats, ces derniers tous au paradis. Le maréchal d'Armentières (1) vint pendant qu'on jouait, et l'on vit ce militaire, si fier trop souvent, l'être si peu dans ce moment, que qui ne saurait que personne n'est si bas que les gens hauts en serait étonné.

La garnison est continuellement de 9 à 10.000 hommes ; aussi ne voit-on qu'uniformes de toutes parts. On rencontre en différentes places les grands corps des casernes, qui font un des principaux ornements de la ville ; surtout celles de Coislin, qui sont au centre, forment une belle place carrée, fermée aux angles par de belles barrières en fer.

Il fut question des Juifs établis à Metz en 625 ou 630, et en 888, dans des conciles tenus à Reims. En 1567, ce fut permis seulement à 4 familles de rester dans cette ville, aux conditions de payer de grosses sommes. En 1603, 8 ménages avec leurs descendants, au nombre de 124 personnes, ont été maintenus dans leurs privilèges. Ils sont à présent au nombre de 4.000, et ont le libre exercice de leur religion, et un quartier à part, où ils s'élèvent considérablement, ne pouvant rien acquérir au dehors (1). Ils font presque tout le commerce de la ville, et se chargent même des grandes entreprises. Ils portent la barbe, un manteau noir et un rabat blanc. Lorsqu'ils ont des difficultés avec les chrétiens, et que le juge en exige le serment, ils le font sur le texte de la loi que le rabbin apporte à l'audience.

Nous partîmes de Metz le mercredi 13, entre 4 et 5 heures du matin, par le carrosse de Nancy. On fait route

---

(1) Louis de Brienne de Conflans, marquis d'Armentières, 1711-1774, maréchal de France en 1768.
(1) « Ils sont obligés d'élever leurs maisons jusqu'à cinq étages pour pouvoir se loger », dit aussi R. de Hesseln.

par un pays excellent et admirable, toujours le long de
la Moselle, jusqu'à 2 lieues de Nancy; à 1 lieue est
Frescati, maison de campagne de l'évêque, qui est charmante; 2 lieues au delà est *Jouy,* village considérable,
où l'on voit les restes d'un aqueduc des Romains, fait
pour conduire les eaux de Gorze, à 3 lieues de Metz,
dans cette ville... Ces arches ont 60 pieds de hauteur sur
15 de largeur, et la maçonnerie est d'un ciment aussi
dur que la pierre. Nous quittâmes la voiture pour aller
visiter ce monument.

Gorze est une grosse abbaye, dont les abbés sont conseillers d'honneur nés au parlement de Metz.

À 3 lieues de Jouy, sur une route également belle et
bonne, est *Pont-à-Mousson,* petite ville qui tire son nom
d'une ancienne forteresse détruite, dont on voit encore
les ruines sur la montagne à gauche; les Jésuites y
avaient une maison magnifique qui n'a point encore de
destination; l'Université a été transférée à Nancy (1),
et il n'y reste plus à voir d'intéressant que l'abbaye des
Prémontrés, dont l'église, soutenue sur de belles colonnes
d'ordre (sic), est très majestueuse et bien éclairée.

Un peu avant cette ville, on construisait un pont sur
la route en serrant le côteau, pour éviter le passage plus
bas devenu très dangereux par l'épanchement de la rivière; l'année d'avant, les cochers et les chevaux de la
voiture s'y étaient noyés, et l'on craignait tellement la
veille de notre départ qu'on ne voulut se décider à partir qu'après avoir envoyé visiter ce passage et s'être assuré qu'il n'y avait point de danger. Nous descendîmes

----

(1) La petite Université de Pont-à-Mousson, fondée au XVIe
siècle, et dont les principaux enseignements étaient donnés par les
Jésuites dans leur collège, fut en effet transférée à Nancy lorsqu'après la mort du roi Stanislas (1766), qui les protégeait, la
Lorraine eut été réunie à la France.

tous néanmoins, quoique les pluies eussent rendu ce pas très mauvais.

Jusqu'à deux lieues de Nancy, on laisse la Moselle sur la droite ; ici, on la traverse pour la perdre insensiblement sur la gauche. On voit dans la plaine un château, avec de beaux dehors, appartenant au comte de Chabot ; une maison sur le côteau appartenant à la princesse d'Austrasie, et ensuite une église et un grand couvent de chanoinesses ; plus près encore la terre de Champigneul, appartenant au marquis de Fontenay, etc..., etc... Cette après-midi fut très belle ainsi que la journée du lendemain, que nous passâmes à Nancy.

VIII. — *Nancy.*

La ville de Nancy est divisée en ville-vieille et ville-neuve. La première n'a rien de remarquable, si ce n'est d'être plus peuplée, plus riche et plus commerçante que l'autre, que le roi Stanislas s'est complu à embellir, et où logent par conséquent les gens de distinction, auxquels il faut partout beaucoup d'appartements pour peu de personnes. Les rues y sont alignées, les maisons bien bâties, et les deux places, séparées par un arc de triomphe, magnifiques... L'ensemble a un accord parfait, et présente un coup d'œil tel qu'il n'en existe dans aucune autre ville du royaume...

Je retranche ici l'examen et la critique des monuments de Nancy, mais je conserve un éloge bien senti du bon roi Stanislas, mort trois années auparavant.

On dirait que les éloges sans nombre dûs à ce prince rendent sa mémoire à charge : dans une ville qu'il a remplie de monuments de sa grandeur, de son bon goût, et de sa bienfaisance, on n'en voit point à sa gloire, qu'un buste, sur une porte de ville de son nom, et encore est-il de son temps : à moins qu'on n'ait pensé que les bonnes œuvres comme les belles actions de l'homme trouvent un temple et un trône dans le cœur de l'homme, ou comme cet Athénien qui aimait bien mieux qu'on demandât un jour pourquoi on ne lui avait point élevé de statue, que pourquoi on lui en avait élevé. Mais, non, de semblables pensées n'entrent point dans la tête des grands ; leur cœur, au contraire, se condense contre la générosité en raison de la dilatation de leur nom et de leur personne dans les dignités...

Nous vîmes à la parade, sur la place de la Carrière, le gouverneur, M. de Stainville (1), tous les officiers de la garnison, et plusieurs seigneurs étrangers, entre autres le prince de Nassau, celui de Brandebourg, etc..., le chevalier de Boufflers (2). L'après-dînée, nous assistâmes à un concert que firent les officiers des gardes ou de Royal-Lorraine, dans le superbe salon de l'Hôtel-de-Ville, musique allemande et par conséquent très bruyante, occupant trop l'oreille pour aller au delà.

La salle de comédie ne vaut pas à beaucoup près celle de Metz ; la troupe y était au moins aussi bonne. Nous y vîmes Mme de Gramont, qui nous parut bien haute entre les autres femmes.

Il se fait actuellement des travaux immenses pour pratiquer des chemins et des promenades autour de la ville : sa situation est au coude d'une vallée, et par conséquent de la Meurthe qui l'arrose, en coulant d'abord d'orient en occident, et ensuite à peu près du midi au nord : les points de vue sont courts, parce qu'elle est étroite, le terrain sablonneux, maigre ; les côteaux couverts de vignes en partie ; les aspects n'ont rien de bien

---

(1) Le maréchal de Choiseul-Stainville était, non pas gouverneur, mais « commandant en chef » sous le gouverneur, le duc de Fleury.

(2) Le célèbre chevalier de Boufflers (1737-1815), fils de l'amie du roi Stanislas, qui fut lui-même l'ami, puis l'époux de Mme de Sabran, membre de l'Académie française, etc...

intéressant, et le vin y est de qualité médiocre.

Les maisons de campagne du roi Stanislas aux environs de Nancy, ainsi qu'à Lunéville et ailleurs, sont entièrement détruites; il est vrai que la plupart des ornements ou décorations, singulièrement variées et pleines de goût, nous dit-on, n'étaient pas faites, à moins que d'un entretien continuel et très dispendieux, pour passer à la postérité. Mais, ce qu'elle ne pourra apprendre sans indignation, c'est que le moment de sa mort ait été l'époque d'un bouleversement et d'un pillage général. Semblable à un riche bénéficier, isolé de parents, dont la succession, pour ne paraître appartenir à personne, semble appartenir à tout le monde; car, nous dit-on amèrement, les officiers de celui-là se sont comportés à sa mort comme ont coutume de faire les domestiques de celui-ci. Il paraît sincèrement regretté: ce monument en vaut bien un autre! On parle cependant d'un projet de lui élever un tombeau dans une petite église de moines, à quelques pas de la ville de Nancy, vis-à-vis celui de la reine sa femme, où ils sont enterrés l'un et l'autre (1).

IX. — *De Nancy à Strasbourg.*

Enfin nous nous acheminâmes vers le lieu de la résidence de ses prédécesseurs et de la sienne, pour nous enfoncer jusqu'aux frontières du royaume. J'ai dit ailleurs ce que m'ont présenté les provinces du Midi et celles du Nord de la France, et après en avoir parcouru et habité l'occident, cotoyé les deux mers, et passé de l'intérieur de l'Espagne au fond de la Hollande, il m'en restait à voir la partie orientale.

---

(1) C'est l'église de *Bon-Secours*, dans un faubourg de Nancy, construite par Stanislas en 1738.

La beauté du chemin de Nancy à *Lunéville*, l'heureuse disposition dans laquelle nous nous trouvions, l'envie de voyager de toutes les façons, joint au temps qui semblait promettre de nous être favorable, malgré la commodité de la voiture publique qui partait, et à laquelle nous mîmes notre petit équipage, nous engagea à faire ces 5 à 6 lieues à pied. Le temps nous trahit lorsqu'il ne fut plus temps de reculer : la pluie nous prit à 1 lieue de Nancy et nous força de rester plus de deux heures dans le village qu'on y trouva. Heureusement notre refuge se trouva l'atelier du charron, dont les outils m'aidèrent à supporter une partie des désagréments de la catastrophe (1). La pluie tombait à outrance, elle diminua ensuite sans cesser néanmoins, et nous partîmes sans manteaux ni redingotes, dans la boue, et nous mettant de temps à autre à couvert ; avec tout cela, nous arrivâmes avant 2 heures après-midi, fatigués comme on peut le croire. Jamais je n'eus meilleur appétit ; on nous servit un excellent dîner, après lequel je fus gaillard et dispos, prêt à recommencer.

L'après-dînée fut très belle et nous laissa tout le temps nécessaire pour visiter Lunéville, le château, le parc, et tout ce qui peut rester de débris des anciennes décorations. La ville, peu considérable, n'a rien de remarquable que sa situation très agréable au milieu d'une plaine sur la Vesoule (1) et la Meurthe. On y trouve une manufacture de faïence, telle qu'il ne s'en fait pas dans l'intérieur du royaume. Les formes sont belles, l'exécution délicate ; mais l'émail et la peinture sont ce qu'il y a de plus parfait ; c'est ce que nous appelons *faïence de Strasbourg*.

---

(1) Roland avait un goût très vif pour les travaux manuels. On trouvera plus loin un intéressant passage sur ceux auxquels il se livra pendant son séjour au Clos (le domaine familial de Theizé), au mois d'octobre suivant.

(1) *Sic*. Lisez : *Vezouse*.

Le château et le parc ont encore un air d'antique magnificence. On a livré le tout à la gendarmerie, pour loger les officiers des différentes compagnies qui sont à Lunéville et dans les petites villes voisines. Malgré cela, les salles en bas, ouvertes à tout le monde et démeublées, les cours, etc... ont un air de tristesse et d'abandon fait pour frapper ceux mêmes qui n'ont pas vu son ancienne splendeur.

A 2 lieues de Nancy, on passe par la petite ville de *Saint-Nicolas* (1), nom d'un saint, grand faiseur de miracles, dont on conserve précieusement les bras aux Bénédictins de ce lieu ; leur église est remplie de chaînes, de ceintures, de colliers, et de toutes sortes de pièces de fer d'un poids énorme, dont on chargeait et torturait les captifs chez les infidèles, et dont ils ont été délivrés par l'intervention dudit saint. Un comte d'Archicourt, entre autres, qui en avait des quintaux, dont on voit chaque pièce, pour chaque partie du corps, pendues à un pilier, au bas duquel est gravée son histoire, fut transporté dans une nuit, on ne sait comment, de chez les Turcs à la porte de cette église ; il y entra, et ses fers tombèrent d'eux-mêmes... Laissons parler de chaînes et de miracles à ceux qui sont faits pour s'en occuper, et voyons ailleurs si les connaissances et le goût trouveront quelque chose de leur ressort.

La sacristie de cette église renferme un petit trésor de quelques pièces, de vieille vaisselle à vrai dire, mais dont les accessoires de l'une d'elles méritent une attention particulière, c'est le reliquaire en bras de vermeil du bras même du saint. Outre beaucoup de perles et de pierres précieuses qui y sont enchassées, on y voit plusieurs agates antiques de la plus grande beauté par le choix

---

(1) Saint-Nicolas-du-Port, chef-lieu de canton de la Meurthe-et-Moselle. Roland fait ici un retour en arrière dans sa relation, car St-Nicolas est avant Lunéville.

des couleurs et leur application heureuse au sujet, par l'esprit, la délicatesse du travail, et la correction du dessin. Il y en avait une très grande et plus belle que les autres, dit-on, que l'Empereur (1), père de celui-ci, emporta à Vienne.

Nous partîmes de Lunéville le samedi 16, à 5 heures du matin, par une carriole à deux chevaux, prix fait pour nous rendre à Saverne, 15 lieues en un jour et demi, comptant bien aller coucher le lendemain à Strasbourg ; mais autant valu, comme on verra.

D'abord nous allâmes à *Blamont* (2), en beau temps et chemins magnifiques ; le pays parait assez fertile, mais il était singulièrement humecté pour lors par les fréquents ruisseaux que les grandes pluies avaient si considérablement enflés que plusieurs ponts en avaient été enlevés. On cultive abondamment des pommes de terre dans ce pays-là, et c'est le premier sur notre route. La vallée, qu'on suit toujours, est arrosée de la rivière sur la gauche, tandis que d'immenses forêts couronnent les côteaux de la droite ; on aperçoit peu de vignes dans ces cantons, si ce n'est aux environs de Blamont où le terrain devient sablonneux et plus maigre. Les charrois et labourages se font avec des chevaux et des bœufs mêlés ensemble, et les uns et les autres sont de fort petite espèce.

Blamont, où nous dinâmes, est une petite vilaine ville, sur un côteau très en pente, au haut duquel sont les ruines d'un château qui a appartenu aux princes de Blamont, branche cadette de la maison de Lorraine. Ils y faisaient la guerre, s'y retranchaient, etc... et il fut détruit dans une révolution. Ces débris ont été fieffés (3)

---

(1) François de Lorraine, mort en 1765, et père de Joseph II.

(2) Chef-lieu de canton de Meurthe-et-Moselle.

(3) Pris en fief. L'expression s'emploie encore en Normandie, dans le sens de : pris en location.

par un officier de judicature qui s'y est bâti, et dont le fils nous conduisit très honnêtement les visiter dans tous les détails que nous voulûmes.

On voit sur la gauche, à une lieue avant cette ville, une abbaye de Saint-Augustin nouvellement et splendidement bâtie ; le général y fait sa résidence, et ne marche jamais qu'en carrosse à 4 chevaux avec une suite de beaucoup de gens, et cela *ad majorem Dei gloriam.*

Le pays devient ingrat, quoique aqueux, la route très inégale, les aspects sauvages, des points de vue très étendus dont quelques-uns néanmoins ne sont pas sans agrément ; on a sur la droite, dans le lointain, l'immense chaine des Vosges qui séparent la Lorraine et l'Alsace de la Franche-Comté, et dont une des branches va se perdre dans le Palatinat, en couvrant toute l'Alsace du côté de la France, comme un pays qui semblait en devoir être séparé à jamais par la nature. Ces montagnes, d'élévation très différente et couvertes de bois, paraissent inhabitées et inhabitables. Cependant, il y a de gros bourgs, de petites villes, et plusieurs établissements considérables dans les gorges ou vallées qu'elles resserrent.

En cheminant ainsi, nous apercevons sur la droite, peu avant *Sarrebourg*, petite ville, la première de l'Alsace, sur la Sarte (1), dans une assez grande vallée, et où nous couchâmes, un beau château, dépendant de la terre de Gimelin (2), ci-devant au comte de Lutzelbourg et actuellement à M. Rousseau, directeur des salines d'*Yeuse* (3). Nous quittâmes la voiture pour grimper sur la hauteur où il est situé et le voir de près. Mais nous payâmes cette curiosité d'une demi-lieue de chemin affreux, dont nous croyions ne pouvoir jamais nous tirer.

---

(1) *Sic.* Lisez : la Sarre. Roland a mal entendu ou se souvient mal.

(2) Il faut probablement lire Heming, à 8 k. S. O. de Sarrebourg.

(3) *Sic.* Lisez : *Dieuze.*

dans des prés, des marais, et en retraversant la vallée
pour regagner la ville.

Le lendemain, dimanche 27, nous étions en route à
5 heures du matin. A 4 lieues de là, nous traversâmes
Phalsbourg, petite ville qui n'est remarquable que par
ses fortifications bien entretenues. Elle est à 2 lieues de
Saverne, dont elle est séparée à moitié route par la montagne de Saverne, fameuse à plus d'un égard. D'abord,
elle offre un des beaux points de vue du monde, le bassin de tout le plat pays de l'Alsace et de la rive opposée
du Rhin, terminé de l'autre côté par la Forêt-Noire,
montagnes parallèles à cette continuation des Vosges,
et qui semblent la séparer de l'Allemagne, comme celle-
ci de la France ; sur la gauche, par une inflexion de cette
branche qui semble aller resserrer la vallée où le Rhin
coule et fuit au loin, et sur la droite enfin par les montagnes de la Suisse.

La descente de cette montagne, qui a près d'une lieue
par les détours qu'on a faits pour l'adoucir, est graduée
et pavée d'un bout à l'autre comme il n'en est peut-être
aucune en France, le tout aux dépens du cardinal prince-
évêque de Strasbourg (1). Le pavé est entretenu avec le
même soin qu'il a été fait ; et, pour y éviter les grands
dommages, il est défendu à toute espèce de voiturier
d'enrayer. Le chemin était affreux avant, à ce qu'il paraît par des parties qui en restent, et qu'on a évitées ; il
traverse, ainsi que la montagne, une partie de ces vastes
forêts qui règnent de part et d'autre, et dont le revenu,
joint aux autres du prince, lui fait un objet de plus de
800.000 l. On y voit les plus beaux arbres du monde.
Nous quittâmes la route au milieu de la montagne et
nous enfonçâmes dans la forêt pour découvrir et visiter
ce rocher célèbre, appelé *Roche-au-Prince*, ou *Saut-du-*

---

(1) Louis-Constantin, cardinal de Rohan, prince-évêque de 1756
à 1779. Oncle du fameux cardinal de Rohan, qui lui succéda.

Prince, du haut duquel le prince Charles de Lorraine (1), poursuivi par ses ennemis, se précipita avec son cheval, de plus de 50 pieds de hauteur, sur un autre rocher, sans désarçonner, ni que lui ni son cheval se fissent aucun mal, et s'enfuyant tout d'un trait à Saverne, où en arrivant son cheval tomba mort. Cet événement, arrivé en 1616, est annoncé par deux inscriptions gravées sur le rocher même, l'une en caractères allemands, l'autre en caractères français, mais en allemand latinisé. Il est à observer que ce rocher n'est pas seulement escarpé, mais que le haut avance beaucoup sur une grande excavation, de sorte qu'il n'avait que l'alternative de se livrer ou de faire le saut, et il préféra courageusement ce dernier parti.

Saverne est une petite ville, agréablement située dans une vallée sur la Sort (1), dont est seigneur l'évêque de Strasbourg, qui y a un château qui n'annonce rien moins qu'un palais royal. Aussi l'évêque y tient-il l'état d'un souverain, et ce n'est que là qu'il réside dans son diocèse, 2, 3 et 4 mois de l'année, dans l'intervalle desquels il va un jour ou deux à Strasbourg.

Dans un grand vestibule, où donne entrée un vaste péristyle, qui perce des cours sur les jardins, on voit une petite statue équestre de Louis XIV, en bronze, sur son piédestal. De là, l'entrée des appartements qu'occupe le prince au rez-de-chaussée, et un immense escalier à double rampe sur le repos pour conduire aux appartements du haut, où une magnifique salle d'abord offre plusieurs bustes en marbre de quelques grands hommes de l'antiquité et d'autres, tout cela avec beaucoup de noblesse et de majesté. Les jardins, les allées, les bosquets,

---

(1) Charles III, duc de Lorraine de 1624 à 1675, célèbre par ses aventures de guerre. Mais, si le fait est de 1616, il se serait passé avant son avénement, sous son oncle Henri II de Lorraine.

(2) Lisez : la Zorn.

les pièces d'eau, dont l'une, celle qui est en face du château, a une lieue de longueur, et tous les accessoires, pris partout en grand, répondent à la magnificence des bâtiments. Le terrain y est gras et frais, la plaine fertile, et les côteaux couverts de vignes. Le concours de toutes ces choses en rend le séjour charmant ; mais je ne crois le site agréable que l'été.

(J'oubliais de dire que l'évêque était à Saverne, d'où il devait partir incessamment pour Paris, et que nous étions au château lorsque toute la ville vint lui tirer sa révérence).

On compte 7 lieues de Saverne à Strasbourg. Nous y étions arrivé sur les 10 heures du matin, et nous en partîmes, toujours en carriole, sur les 3 heures après-midi, ayant fait une assez singulière recrue : nous comptions bien aller coucher à Strasbourg, et notre conducteur nous l'avait promis ; mais soit qu'il eût de trop mauvais chevaux, les chemins étant très rudes, soit qu'il craignit de trouver les portes fermées, ce qui s'exécute de bonne heure dans cette ville, soit peut-être aussi, et je crus m'en apercevoir, qu'il voulût éviter la couchée, plus chère dans les villes, il nous planta à la porte d'avant, où, à vrai dire, nous fûmes passablement mal ; mais aussi le lendemain, à 6 heures du matin, nous étions rendus à *Strasbourg* ; ainsi autant vaut, comme je l'ai dit.

Je n'oublierai pas de parler d'une circonstance utile aux voyageurs : c'est que, dans tous ces pays-là, on trouve des voitures aux portes, des cabriolets fort légers, et fort commodes pour l'ordinaire, que vous payez comme un cheval de plus. C'est là et de cette manière que nous abandonna notre recrue pour gagner la ville au plus vite.

Deux ecclésiastiques de figures graves s'étaient présentés pour faire route avec nous ; soit. Ils virent bien que nous étions français, et, curieux de ce qu'on disait des Jésuites en France, ils nous tâtèrent d'abord assez doucement. Nous, qui n'avions rien à ménager à cet égard, nous le dîmes nettement. Eux, peu satisfaits, répliquèrent et blâmèrent, et l'un d'eux surtout avec une violence extrême : nous nous modérâmes, comme un athlète qui prend du terrain, et à force de faits et de raisons nous les écrasâmes à ne savoir que dire ni quelle figure faire : c'est que c'étaient deux Jésuites, nous dit-on à la poste, où ils étaient très connus... Je crois qu'ils s'enfuirent de dépit!...

Pendant 2 heures et demie, on ne fait que monter et descendre assez rapidement, après quoi on découvre Strasbourg et l'on entre dans une des plus vastes, des plus riches et des plus agréables plaines qu'on puisse voir. C'est à cette dernière montagne que j'aurais dû placer le coup d'œil annoncé à celle de Saverne, qui, pour être plus haute, n'a cependant que la vue du prolongement des autres : l'imagination ayant précédé, la note allait son train.

La séparation de la Lorraine et de l'Alsace est entre Blamont et Sarrebourg, dans une vallée, à un petit ruisseau, où on lavait de la mine de fer en grenaille très ocreuse, dont j'ai apporté des échantillons. On la tirait assez près de là, dans les bois, et le fourneau et les forges n'étaient pas non plus à une grande distance.

L'étendue du pays, de là au haut de la montagne de Saverne, où est un poteau qui fixe la limite, s'appelle *France*, parce qu'il se régit différemment de la Lorraine et de l'Alsace.

L'endroit où nous couchâmes se nomme Sthicht (1).

X. — *Strasbourg.*

Nous eûmes donc le 18 tout entier pour visiter Stras-

---

(1) Lieu inconnu.

bourg ; ce n'est pas trop ; mais il faut nous voir trimer, mon camarade et moi, furetant néanmoins partout, pour juger du terrain que nous pouvons parcourir et des choses que nous pouvons voir en peu d'heures. Il faisait d'ailleurs un temps à souhait pour des voyageurs.

La ville est grande, peuplée, commerçante, y ayant un grand concours d'étrangers, comme le seul passage de l'Allemagne à moins que de prendre par la Flandre. Les rues y sont larges, mais peu alignées, et les maisons assez mal bâties pour la plupart. La Place d'armes est d'une grande étendue, mais les bâtiments ne sont réguliers que d'un côté, où l'on a fait construire de grands magasins. Il n'y a d'édifices remarquables à Strasbourg que la cathédrale et le palais du Cardinal, prince et évêque, dont nous reparlerons, les casernes, les hôpitaux, l'Intendance, l'hôtel du prince de Gubenstat (1). qui ne l'occupe plus, celui du préteur, et quelques autres assez beaux.

La place est l'une des plus fortes et peut-être la plus forte de France, inabordable du côté du Rhin, soit par la largeur et la rapidité de ce fleuve, soit par la citadelle et les travaux immenses qui la constituent et qui l'environnent, soit enfin par la facilité d'inonder tout ce pays-là dans la minute ; les fortifications très considérables aussi du côté de la France, le seul par lequel elle puisse être assiégée.

Nous fûmes au fort *Kehl*, sur les terres de la Reine (2), au-delà des deux divisions du Rhin, à une demi-lieue de la citadelle. On l'a laissé tomber en ruines depuis que les Français s'en rendirent maîtres après de vives attaques dans les guerres de 1734 ; et depuis un épi jeté dernièrement en avant du côté de la ville, le Rhin le

---

(1) *Sic* au manuscrit. Il faut peut-être lire Darmstadt. Le bel hôtel de Hesse-Darmstadt, construit en 1737 (et que signale le *Dictionnaire* de R. de Hesseln), est devenu l'hôtel-de-ville.

(2) C'est-à-dire de la reine de Hongrie, Marie-Thérèse.

rase et en emporte de temps en temps quelques parties. Les ponts sans fin sur lesquels on passe pour y arriver ne sont couverts qu'avec des sapins sciés en deux sur la longueur, ou tout entiers s'ils sont moins gros, couchés en travers près les uns des autres, sans autre liaison que leur appui sur des madriers, au moyen de quoi le tout peut être renversé dans un quart d'heure, et réparé de même, et à peu de frais ; la marche y est peu agréable en conséquence et demande qu'on regarde à ses pieds. Cependant on est attiré par le spectacle de ce grand fleuve, roulant rapidement et avec majesté ses larges et nombreuses ondes. Je ne sais si tout le monde est aussi affecté que moi en regardant couler rapidement ces larges fleuves : les ondes fuient sans se précipiter, parce que les premières fuient autant que celles qui les suivent : on se sent entraîner avec elles pour toujours, sans que la pensée rapide vous laisse le moindre espoir ou la moindre idée de secours ; tout disparaît à jamais...

Il y a un péage de ce côté, où on donne 1 s. par personne en allant et autant en revenant.

Les habitants de Strasbourg montent à environ 30,000 âmes ; il y a 6 paroisses et 6 couvents, 3 d'hommes et 3 de filles. La rivière d'Ill la traverse avant que de se jeter dans le Rhin.

La cathédrale est très ancienne. Le chœur surtout en est fort laid. Sa tour, commencée en 1229, n'a été finie qu'en 1449. C'est une pyramide de 574 pieds de haut, et l'on y monte par un escalier qui a 635 marches. On ne connaît guère nulle part de monument gothique d'une aussi belle et d'une aussi délicate exécution. Il est, ainsi que la plupart des édifices, d'un gré rouge très fin et très dur, tiré des carrières des environs de Saverne. Il devait y avoir une semblable tour à celle-ci sur la façade, pour la rendre uniforme, et elle est élevée jusqu'à la plate forme ; il n'y manque que la pyramide. Mais la réponse de M. de Vauban à Louis XIV, qui lui proposait de l'achever, annonce assez qu'elle ne le sera pas de si tôt : qu'il en coûterait un million pour échafauder. J'étais si étonné de voir entretenir cette tour avec un soin continuel, je ne concevais pas comment la sollicitude des prêtres pouvait s'étendre à la conservation d'un monument qui ne réchauffe point la misère et qui ne sert ni à la mollesse ni au luxe ; mais j'apprends que ce sont les magistrats qui ont la perception des deniers de la fabrique et qui font faire les réparations de l'église.

Nous eûmes, de dessus la plate-forme, le plus beau spectacle que la nature puisse offrir : la ville, les fortifications, les promenades, les campagnes excellentes et cultivées en jardins ; à des distances de plusieurs lieues, ce beau fleuve serpentant à travers nombre de villes et villages ; tous ces objets rapprochés, et ce superbe et magnifique couronnement dont j'ai parlé.

L'horloge qui est dans l'église est d'un travail aussi compliqué qu'inutile. La nef est couverte en cuivre ; le grillage du chœur est d'un fort mauvais goût dans la composition et dans les détails, quoique d'un travail considérable et fini. Les portes du grand portail sont doubles, et garnies entre deux de plaques de cuivre, sur lesquelles on a gravé toutes les sortes de martyre imaginables. L'ouvrage est détestable et les idées souvent les plus burlesques ; par exemple, un homme tient en l'air une fille nue et lui pose ce qu'on appelle décemment le derrière, quoique ce ne le soit pas tout à fait, sur une meule à aiguiser qu'un autre tourne pendant ce temps-là ; c'était sans doute pour punir la partie qui avait péché, etc..., etc...

Les Luthériens en grand nombre ont ici le libre exercice de leur religion, et cette liberté, établissant la tolérance politique et morale publique, fait une harmonie que personne ne trouble, parce que chacun en vaut mieux. Nous visitâmes les différents temples et entre autres le grand, qu'on appelle le temple neuf, où est la représentation ou mausolée du maréchal de Saxe, qui s'achève à Paris, et que j'ai vu depuis chez Pigalle. On s'assemblait pour l'office, au commencement duquel nous assistâmes. La langue vulgaire de ce pays-là est l'allemand, surtout pour les Luthériens. Le ministre prêchait avec une décence bien rare dans nos prêtres, et le peuple était dans un recueillement bien digne de nos églises. Les ministres sont en robe noire avec une fraise blanche, ancien habillement public, qu'ils portent aussi en ville.

Ce sont des professeurs luthériens qui régissent l'Université, composée de 4 Facultés.

Les Juifs n'ont point d'établissement en ville ; ils sont même assujettis à un certain droit d'entrée, dont ils évitent l'embarras et le désagrément en se cotisant pour former une somme annuelle qu'ils délivrent à la ville ; il leur est même défendu d'y coucher sous aucun prétexte ; un seul est excepté de cette loi depuis 2 à 3 ans, en récompense de quelques services importants rendus à la ville. On lui a permis d'acquérir et d'habiter une maison. Les autres en grand nombre habitent les villages voisins, d'où ils épient et profitent de toutes les occasions de commerce et de trafic où il y a à gagner. Il y a beaucoup aussi d'anabaptistes dans quelques parties des Vosges ; mais leur vie douce, tranquille et sans ambition, fait qu'ils sont peu connus ; ils portent la barbe en plein.

Nous parcourûmes les arsenaux, la forteresse, et tous les ateliers à mouler, polir, tourner et forer les canons. J'avais déjà vu toutes ces opérations dans le plus grand détail à Douai, et je les ai décrites ailleurs ; j'étais entré partout à Douai, sans autre secours que celui qui les surpasse tous, ou les rend tous nuls, l'argent. Ici, il fallait être accompagnés par un officier du corps, et nous l'étions. Godinot, ingénieur ordinaire du roi, et de département dans cette ville, fils de mon parent, de mon ami, et de mon confrère de Rouen, parent aussi de celui que nous avions vu à Reims, et du célèbre chanoine, nous procura ce secours et fut notre conducteur en nombre d'endroits. Il nous donna à dîner à son auberge, c'est-à-dire avec ses camarades et plusieurs officiers d'artillerie, tous jeunes gens qui, par leur ton et leurs propos, confirmèrent toutes les idées que j'ai depuis longtemps des militaires, surtout des jeunes, et principalement lorsqu'ils sont en troupe. J'avouerai aussi que leur manière d'être servis me parut beaucoup trop splendide, et qu'à vivre ainsi journellement, on doit être incapable de soutenir longtemps les travaux de la guerre. Faut-il ensuite s'étonner d'en trouver autant alors dans les hôpitaux que sous les armes, et de voir ceux qui réchappent de l'un ou de l'autre traîner l'ennui partout après eux ?

On doit juger qu'une ville aussi importante par sa situation et le grand nombre de ses fortifications demande une forte garnison.

Il y a peu de promenades publiques à Strasbourg : on en vient de former une, près de la fameuse guinguette connue sous le nom de l'*Arbre-Verd*, qui deviendra très agréable (1), mais dont on profiterait peu, si le maréchal de Contades n'avait une maison de plaisance de ce côté, où il fait sa résidence ordinaire, à un quart de lieue de la ville, car on ferme les portes de très bonne heure, excepté celle des Juifs, qui est celle qui y conduit, et, parce qu'elle y conduit, qu'on ne ferme qu'à 10 heures.

---

(1) C'est la belle promenade qu'on appelle aujourd'hui *le Contades*. Le maréchal de Contades (1704-1793), le vaincu de Minden, était « commandant en chef » à Strasbourg, sous le duc d'Aiguillon, gouverneur.

Un peu avant l'*Arbre-Verd* était un champ clos où ce fameux écuyer anglais donnait son spectacle. J'arrivai à temps pour le voir commencer et je trouvai ses tours de force et de souplesse assez intéressants pour y rester jusqu'à la fin. Courir ventre à terre, debout et couché, en avant, en arrière, faire tous ces changements en même temps, sauter par dessus des barrières dans toutes ces attitudes, le tout sur un, deux et trois chevaux de front etc..., etc... et terminer par galoper de même la tête sur la selle, les pieds en l'air, et tirant deux coups de pistolet en même temps; jamais on ne vit manéger avec la grâce, l'adresse, la force et la vitesse de ce jeune homme, fait au tour. L'idée de ce spectacle me flatte encore l'imagination par ce plaisir qu'il me procura. On l'avait déjà vu dans la plupart des villes de France, mais je l'avais échappé partout.

XI. — *De Strasbourg à Bâle.*

Nouveau genre de voiture pour passer d'ici à Colmar, 14 lieues : une grande diligence attelée de chevaux de poste, à 20 sous par tête à chaque poste (1), nous rendit, de 6 heures du matin à 2 heures après-midi, en s'arrêtant même un peu à Schelestadt. Qu'on se figure à tous égards rouler dans le plus vaste des jardins et le mieux entretenu. La campagne, jusqu'à *Schelestadt*, surtout 9 lieues, semble avoir été nivelée à plaisir, les chemins sablés, les terres de jardin cultivées sans relâche en planches ou plate-bandes marquées par des sillons, et toutes coupées et variées par différentes productions, blé de Turquie en quantité dont on engraisse la volaille, les cochons, et dont on fait de la bouillie dont les hommes

---

(1) On appelait ainsi la distance entre deux relais de poste. Elle était en général de deux lieues, de 2,000 toises chacune, soit près de 8 kil. par *poste.*

mangent, chanvre, fèves, carottes, beaucoup de choux, immensément de tabac, et généralement de tous les légumes et denrées ; c'est ainsi que le coup d'œil est agréablement et richement diversifié depuis les marais qui forment les rivages du Rhin, et même entre ce fleuve et les approches de la Forêt-Noire, jusqu'au pied des Vosges. Je ne connais point et je crois qu'il est peu en Europe d'aussi beau et aussi riche pays que celui-là.

Ï Je n'omettrai pas de dire ici ce que je remarque volontiers partout, c'est que le sexe, sur toute cette frontière de l'Allemagne, est de la taille la plus élégante, ingambe au possible, jambe fine, air délibéré, cheveux blonds, et peau fine très blanche, ce qui produit l'effet le plus admirable dans les jeunes personnes, dont les vaisseaux plus gonflés par l'abondance du sang et la peau plus tendue par l'accroissement des chairs et l'embonpoint font précisément ce qu'on appelle un teint de lis et de roses. Il m'a paru aussi que la figure se fanait plus tôt qu'ailleurs passé un certain âge ; mais l'air délibéré et ingambe se conserve toute la vie. Les femmes font des routes à pied aussi longues et avec plus de vitesse et d'agilité que ne font les hommes ; il en est ainsi de différents travaux et principalement de ceux de l'agriculture, et cela sous un corps mince et avec un air délicat. C'est tout le contraire des Suissesses : grosses, nerveuses, brunes, charnues et sanguines, gorges et fesses rebondies, fortement membrées, têtes plus rondes, air plus joufflu, mais plus modeste. · ·

A une lieue de Strasbourg, au village d'*Illkirch*, on fait remarquer une maison, qui n'est apparente entre les autres maisons de paysans qu'en ce qu'elle est plus grande, où fut signée la capitulation de Strasbourg en 1681 (1). Je ne conçois cependant guère ce que signifie

----

(1) Qui réunit Strasbourg à la France.

la capitulation d'une ville dont on s'empare par la trahison de l'un des chefs, et peut-être le premier, l'évêque Furstemberg.

Schelestadt est une petite ville assez bien bâtie, sur l'Ill, fortifiée, et avec une petite garnison. Le terrain s'y élève en pente très douce sur la route de Colmar, il y est un peu maigre, et ce ne sont plus que des terres à grains. Il est à observer aussi qu'en s'éloignant de la route de Strasbourg à Bâle qui longe presque toujours le Rhin, pour prendre celle de Colmar qui rapproche considérablement des Vosges, le sol doit se trouver moins gras ; cependant il reprend une excellente qualité aux environs de cette dernière ville, qui n'en est qu'à une très petite lieue.

Colmar, quoique capitale de la haute Alsace, est une des plus vilaines villes de France, mal bâtie, mal percée, mal pavée, sans aucune place ni édifices. C'est, me disait mon ami en la parcourant, une tache à un beau tableau, lorsque je lui observais au même instant qu'elle me semblait une ordure déposée en passant par quelqu'un de très pressé, au milieu d'un beau parterre en le traversant. Il y a du beau monde cependant, des gens riches même, et l'on sait que c'est le siège du Conseil souverain de la province, la seule chose peut-être qui y attire les étrangers.

Le Conseil est composé de 24 conseillers et de 2 présidents en deux chambres, dont la 2ᵉ s'occupe du criminel privativement. Les charges de conseiller se vendent de 35 à 60.000 l. Le bâtiment où il tient ses séances est affreux ; on y fait actuellement des réparations pour 30.000 l., ce qui ne le tirera encore guère de cet air d'obscurité, d'antiquaille et de vétusté dans lequel il est enterré.

La campagne des environs de la ville est ravissante. On y cultive en abondance et perpétuellement de toutes les espèces de fruits, de légumes et de denrées que le climat peut permettre. La plaine est toujours couverte, et le bas des montagnes des Vosges, et de là jusqu'aux approches de Bâle, tous les côteaux sont garnis de vignes et d'arbres fruitiers. L'année a été des plus favorables dans ces cantons, le contraire de plusieurs provinces que nous avions traversées, surtout de la Champagne où les vendanges semblaient faites, et nous voyions une profusion de richesses répandues sur les campagnes, qui leur donnaient la dernière touche d'embellissement.

C'est dans cette plaine, proche de *Turckeim*, petite ville au pied des Vosges, que le maréchal de Turenne donna la fameuse bataille de ce nom, en 1675 (1), dont la victoire sur les Impériaux lui acquit tant de gloire, et qu'il fit cette campagne à jamais mémorable où, avec 15 ou 20,000 hommes, il fit constamment tête à une armée formidable.

Il y a à Colmar, comme à Strasbourg, environ la moitié des habitants luthériens, et beaucoup de juifs qui rôdent autour, n'y pouvant coucher qu'en payant un droit de 3 l. par tête. Il ne peuvent posséder aucuns immeubles ; et, s'ils achètent des fonds, il faut qu'ils les revendent dans l'année ; ils gagnent néanmoins beaucoup à ces sortes de marchés.

J'ai déjà parlé des anabaptistes répandus dans les Vosges, et, les braves gens, ils méritent bien qu'on y revienne. Ils sont dans la plus haute réputation de probité et d'habilité pour la culture des terres, à laquelle ils sont principalement dévoués. Ils ne jurent jamais et la belle sagesse de la loi ou de ses ministres en retient même quelques-uns en prison pour ne vouloir pas se purger par serment. Ils sont généralement aimés et estimés, et il paraît qu'on aime mieux avoir affaire à eux qu'à tous autres, voire même aux esclaves de Rome.

____

(1) En 1674.

Le lendemain, mardi 20, à 5 heures du matin, nous fîmes route pour *Bâle*, par un cabriolet que nous louâmes exprès. Nous n'avions point encore voyagé d'une manière aussi agréable : tout y concourait, le ciel le plus pur, les chemins les plus roulants, des villages très multipliés, les beaux et fertiles côteaux qu'on rase, et qui terminent si richement ce vaste et magnifique bassin, les délicieux alentours de *Mulhouse* que comprend ce coup d'œil, la voiture découverte, douce et commode, un cheval excellent, enfin jusqu'à la personne chargée de se rendre à notre destination pour remmener le cabriolet, qui était le meilleur homme du monde.

Nous déjeunâmes et dînâmes sur cette route, dont nous battîmes un peu la campagne à pied pour en voir de plus près la différence de culture et les différentes productions ; nous nous promenâmes aussi sur les bords d'une charmante rivière, qui nous offrit des cailloux de toutes les formes et de toutes les couleurs, dont nous en ramassâmes de très jolis pour les laisser ensuite tous à Bâle, nos différentes manières de voyager ne nous en permettant pas le transport plus loin.

A environ 1 lieue avant Bâle, presque vis-à-vis le fort d'*Huningue*, on retombe dans le chemin tiré en droiture de Strasbourg à Bâle, où l'on compte 22 lieues, et de Colmar environ 12 à 14. Le terrain devient ici sablonneux et maigre jusqu'assez proche de Bâle.

Huningue est une petite ville, tout près de la frontière et du Rhin, considérable par son fort dans lequel il y a toujours une bonne garnison. La séparation des deux États n'est marquée que par quelques poteaux plantés de loin et loin dans des terres labourées de part et d'autre et entre chacun ; ils ne sont, je crois, là, que pour marquer aux soldats de la garnison les bornes qu'ils ne peuvent franchir sous peine de la vie. On passe ensuite près d'un terrain assez spacieux, bas encore et mis en prairie, formé par des ensablements du Rhin ; on y voit bien distinctement la place de son ancien cours, auquel la rapidité ne permet guère de détours lorsque les montagnes l'abandonnent et qu'il reste à découvert. C'est ainsi qu'il part de Bâle en fuyant du midi au nord, après y être arrivé d'orient en occident par le lac de Constance, où il se décharge aussi presque du midi au nord, embrassant dans son cours au moins la moitié de la Suisse.

Mais ne parlons point ici de cette partie d'Europe si singulière par son site, ses révolutions, son gouvernement et ses mœurs ; l'envie de la connaitre plus particulièrement qu'il n'est possible de l'avoir fait en courant m'engage à rejeter ailleurs l'histoire de mon voyage avec les recherches que je ferai pour y ajouter. Il suffit de dire ici que nous arrivâmes à Bâle sur les 3 heures après-midi et que nous y restâmes près de 24 heures.

On ne sert guère de vin rouge en Alsace ni en Suisse ; le blanc y est meilleur et plus estimé, et celui qui l'est le plus se tire du marquisat de Bade, qu'on nomme par excellence *vin du Marquisat;* mais c'est ici comme là, pour 10 pièces qu'on en tire, on en vend 1,000 sous ce nom.

Ici, Roland interrompt sa relation, c'est-à-dire la mise au net de ses notes de voyage, pour en détacher tout ce qui concerne son voyage en Suisse, sans doute en vue de l'utiliser autre part, ce qu'il fit en effet dans ses *Lettres d'Italie,* publiées en 1780, et où l'on trouve précisément, au t. I, p. 73-124, un long chapitre intitulé : « *Extrait de la relation d'un voyage fait* [en Suisse] *en août, septembre et octobre 1769* ». Ce sont certainement ces pages qu'il avait déposées, avec ses autres manuscrits, entre les mains de Mlle Phlipon, lorsqu'il partit pour l'Italie en août 1776, et dont elle envoyait une analyse à son amie Henriette Cannet, dans une lettre du 21 août 1778 (1).

---

(1) Lettre inédite, qui prendra place dans le recueil des *Lettres de Mme Roland* avant son mariage, que je prépare.

Roland, dans son manuscrit, remplace cette partie de sa relation par les réflexions suivantes:

Chacun écrit comme il est affecté, si j'en juge par moi; d'où il peut très bien arriver quelquefois que les choses qu'on écrit avec le plus de plaisir soient celles qui ennuient le plus ceux qui les lisent: les affaires personnelles, les anecdotes qui n'ont que soi ou un très petit cercle pour objet, des vues et des projets aussi concentrés, sont toutes choses qui doivent tenir le premier rang dans celles de ce genre; je conseille donc en ami à quiconque entreprendrait la lecture de ces feuilles de franchir de plein vol les 15 pages suivantes. S'il ne veut pas m'en croire, qu'il ne me reproche rien. Je l'avertis, parce que je conçois qu'il en sera tenté.

En quittant la Suisse, il traversa Genève, et le 30 août 1769, alla voir Voltaire à Ferney. Son ami, Cousin-Despréaux, qui l'accompagnait, avait une lettre de recommandation de M. de Cideville, conseiller au parlement de Rouen, un des plus anciens et des plus chers amis de Voltaire. Les deux voyageurs furent reçus en conséquence, avec la charmante et vive affabilité que « le patriarche » déployait quand les visiteurs lui agréaient.

Cette partie de la relation manque aussi au manuscrit. Roland l'a transportée également dans ses *Lettres d'Italie*, t. I, p. 125-147. Elle est curieuse et mériterait d'être reproduite.

Il prend soin seulement, dans son manuscrit, de donner, comme complément à cette relation transportée ailleurs, la page suivante:

Rien n'est si déplacé que ce que je vais mettre ici; mais l'ayant oublié en son lieu, il me suffira de le trouver quelque part. C'est au sujet de l'église de Ferney que M. de Voltaire a fait bâtir près de son château, avec cette inscription au-dessous du portail en dehors: *Erexit Deo Voltaire*. La salle de spectacle est sur une des ailes de la cour, en face de la barrière d'entrée. J'ai encore oublié de parler de sa gaîté, qui se soutient à merveille, et dont il nous donna les preuves en plusieurs occasions, et, entre autres une fois où, après avoir disserté sur la puérile crédulité du peuple à la gente prêtraille et moinaille, il se prit à dire à voix haute en levant la tête avec vivacité et riant : « Eh bien, qu'en dites-vous, père Adam?»... (1). On jugera par ces vers faits tout récemment et envoyés à Mme de Vandeul (2) qui lui écrivait sur sa convalescence, s'il reste de la finesse et de la fraicheur dans les pensées de cet homme :

Ancien disciple d'Apollon,   Dit à sa muse favorite :
J'étais aux rives du Cocyte,   « Ecrivez à ce vieux barbon ».
Lorsque le Dieu de l'Hélicon   Elle écrit, et je ressuscite.

---

(1) Le père Adam était le capucin qui servait de chapelain à Voltaire.

(2) Fille de Diderot. Ces vers sont rapportés dans les *Mémoires secrets* du 13 février 1770. Mais c'est Roland qui nous donne le nom de la destinataire.

DEUXIÈME PARTIE

LE SÉJOUR AU CLOS

ETTE seconde partie de la relation de Roland qui occupe les pages 61-76 du manuscrit, pourrait être considérée comme un fragment de mémoires. C'est essentiellement un chapitre d'autobiographie, où malheureusement les détails intéressants sont noyés dans une phraséologie irritante, où la prétention au grand style (Roland n'y arrive guère) lui fait oublier de dire ce qui nous importerait le plus.

Il a d'ailleurs transporté dans ses *Lettres d'Italie* (t. VI, lettre 41ᵉ, p. 427-446) la moitié au moins de cette partie de sa relation. Il n'y a donc pas lieu de reproduire ici des pages qui ne sont pas inédites. Il suffira de les résumer pour la clarté de la lecture, en y prenant les traits essentiels, et de ne donner que les parties nouvelles, sauf à y ajouter deux passages qui, bien qu'imprimés, sont trop intéressants pour que je me fasse scrupule de les reproduire.

Roland revenait revoir son pays « après dix-huit ans d'absence, sauf deux apparitions rapides ». C'est donc en 1751, à ce compte, qu'il l'avait quitté. Quant aux deux apparitions, ce fut sans doute lorsqu'il avait eu à se rendre de Rouen à Clermont-de-Lodève, en 1764, et de Clermont-de-Lodève à Amiens en 1766.

Nos deux voyageurs, partis de Genève, arrivent à Lyon le mardi 3 octobre à 8 heures du matin. Roland connaissait la ville; il y avait été, au début de son adolescence, employé de commerce et en avait gardé un amer souvenir. C'est de là, que, par un coup de tête, il était parti secrètement en 1754, à vingt ans, pour se rendre à Nantes et de là en Amérique (1).

Après quelques heures passées à Lyon, Roland propose à son compagnon de repartir presque aussitôt pour se rendre au Clos, où se trouvait alors sa famille, et s'y rendre à pied par la grande route (jusqu'à Anse probablement), puis par un chemin de traverse. Cousin accepte. Mais laissons parler la relation :

Plus j'approchais des lieux de ma naissance, plus je sentais ce cœur trop sensible s'émouvoir : inquiet, impatient, je parcourais les différents quartiers de la ville comme une carrière à l'extrémité de laquelle était le but auquel j'aspirais. Arrivé à 8 heures, et le reste de la matinée dans cette agitation qui s'augmentait sans cesse, j'osai en dinant proposer à mon ami de faire de pied et sur le champ la route de 6 à 7 lieues de poste pour gagner notre maison de campagne où était ma famille, à 2 lieues sud-ouest quart au sud de Villefranche, où elle fait sa résidence (2), partie par la grande route qui conduit à cette capitale du Beaujolais, et partie par une traverse fort rude. Mon ami, comme moi très actif et jouissant de cette sorte de vigueur qui se nourrit dans l'action en même temps qu'elle la favorise, poussé d'ailleurs par des démons d'une tendresse non moins attrayante, le conjugal et celui de la pater-

------

(1) Mme Roland, dans ses *Mémoires*, t. II, p. 245, a raconté cette aventure de jeunesse, qui, finalement, amena le jeune homme à Rouen, où son parent, Godinot, inspecteur des manufactures, le fit entrer dans son administration.

(2) La maison de ville des Roland existe encore, au n° 181 de la rue Nationale, avec peu de changements intérieurs. Leur domaine rural, où ils passaient l'automne, était sur la paroisse de Theizé, qui, bien qu'à 8 kil. seulement de Villefranche, n'appartenait déjà plus au Beaujolais, mais au Lyonnais. La maison s'appelait et s'appelle encore *Le Clos*. C'est abusivement qu'on lui donne le nom de *La Platière* (nom du manoir des Roland à Thizy), vendu par eux en 1752.

nité, sans parler des affaires parce qu'elles sont subordonnées à tout sentiment dans les belles âmes (1), mon ami accepta la partie. Nous nous mîmes en marche à 2 h. 1/2, en sortant de table; et comme un trait lancé d'un bras nerveux, nous arrivâmes sans détour et sans repos, entre 6 et 7 heures, le 3 octobre. Il était nuit: c'est le moment où, chacun venant déposer sous le même toit les instruments de ses plaisirs champêtres pour en renouveler en commun la jouissance, on fait cercle, où règne la liberté même dont jouit la campagne et qu'elle inspire. Je n'avais fait part de mon arrivée au pays que par une lettre écrite de Genève; mais la célérité de notre marche me la fit devancer, de sorte que je n'étais point attendu. Le cercle fut brisé à l'instant avec éclat; il ne fut plus question que des nouveaux hôtes, et si j'étais jamais désabusé sur les démonstrations d'amitié qu'on me fit et qu'on n'a cessé de me faire pendant les deux mois de mon séjour, je n'aurais plus qu'à mourir... .

Les journées du 4 et du 5 sont employées par Roland à parcourir, avec son ami, « l'antique héritage ». Mais Cousin a hâte de repartir. Roland et ses frères (2) l'accompagnent à Villefranche, et le 6 octobre au matin l'embarquent, probablement au port de Riottier (3), sur le coche d'eau qui remontait la Saône jusqu'à Chalon.

« Le retour fut triste, dit Roland; je l'avouai à mes chers

---

(1) Cousin-Despréaux était marié, avait des enfants, et était dans le commerce. Roland aurait pu dire cela plus simplement.

(2) Son frère aîné, Dominique, chanoine-chantre à la cathédrale de N. D. des Marais, et un autre frère, Laurent, prêtre également, dont il sera question plus loin.

(3) Il semble que ce fût la station du coche pour Villefranche. C'est là que Mme Roland, venant de Paris, débarqua le 8 septembre 1791.

parents mêmes; la ville me fut insupportable », et il retourna au Clos sur le champ.

Il y retrouvait tous les souvenirs de son enfance, et même celui d'un premier amour d'adolescent, qu'il ne nous révèle d'ailleurs que par une rapide allusion...

En outre, « c'était le temps des vendanges, nous dit-il, et il y avait si longtemps que je n'avais été aux vendanges! » . .

La page qui suit, bien qu'elle se retrouve imprimée dans son livre, vaut cependant d'être reproduite, parce qu'elle nous montre Roland sous un de ses aspects les plus intéressants :

Nous eûmes à la fois tonnelier, charron, charpentier, mécanicien, maçon, tailleur de pierres, pionnier, puis l'ordinaire, jardinier, voiturier, bergère et basse-cour, etc... Moi, qui ne vis jamais outil sans avoir envie d'y porter la main, j'étais tout dans un jour. Je considérais comment le tonnelier, prenant le tour de son cercle en l'appliquant précipitamment contre la surface de son tonneau, le liait ensuite avec sécurité et le trouvait enfin d'une justesse sans égale; comment, en deux coups de main, guidé par un coup d'œil rapide, il trouvait la juste ouverture de son compas, qui, porté six fois sur la circonférence du tonneau, faisait le rayon de son fond... Comment le charron, de son seul coup d'œil, attrapait la courbure de la jante d'une roue, et le raccord de toutes au point d'en faire un cercle parfait... Comment un charpentier, sans calcul et sans dessin, rejetait le poids d'un faîte sur les albalétriers, et d'une pièce à l'autre, en forme de carcasse renversée de vaisseau, sans que le milieu des tirants supportât rien... Comment un menuisier faisait son équerre sans principe sur les méthodes d'élever des perpendiculaires... Comment un ignorant maçon faisait des voûtes de toutes courbures et de toute solidité... Comment un voiturier jugeait rapidement du poids des choses pour faire charge suffisante pour telle ou telle route... Comment les pionniers jugeaient au premier aspect du nombre de charges de terre par toise... Comment et avec quelle raison le jardinier rejetait la plupart des méthodes de nos auteurs, etc..., etc... Je ne dis aucune de ces choses pour faire nombre; je les ai toutes examinées; j'ai mis la main à tout: en tout, j'avais quelques principes et des méthodes que j'expliquais d'une manière plus claire, mais partout je trouvais non seulement le coup d'œil infiniment plus précis, mais des pratiques mécaniques aussi sûres pour l'exécution et cent fois plus promptes que tout notre attirail de calcul et nos fatigantes théories auxquelles nous donnons les noms fastueux de lumineuses et de sublimes.

Je ne tardai pas à voir que ce n'était point ces hommes grossiers qui étaient des ignorants, mais bien moi, qui m'instruisais plus, les voyant faire et les entendant parler, que je n'aurais pu les instruire par mes démonstrations, et les reconnaissant mes maîtres, je m'en tins volontiers à être leur compagnon.

Il décrit ensuite avec complaisance les joies du foyer champêtre, les longues soirées passées en famille: « Elles étaient, nos soirées, poussées un peu trop loin à la vérité, si j'eusse eu plus de temps à en jouir... Il était toujours minuit, souvent 1 heure et même 2 heures, quand, tous les autres ayant pris leur parti, je me séparais, sinon de mes deux frères ensemble, au moins de l'un ou de l'autre ».

Il donne aussi son attention à « l'art de faire les vins », à la culture du jardin; il plante des arbres, se promettant bien « d'en venir manger les fruits un jour »: il s'intéresse de la basse-cour, etc...

Et finalement, il entretient sa famille du projet qu'il nous avait fait pressentir au moment de son départ, du règlement de ses droits à la succession paternelle. Son père était mort en 1747, laissant une succession obérée que le chanoine Dominique, son fils aîné, héritier principal et exécuteur testamentaire, n'avait acceptée que sous bénéfice d'inventaire, et qu'il avait dû liquider en vendant le manoir patrimonial de la Platière, à Thizy, pour ne conserver que la maison de Villefranche et le Clos. Il semble que, depuis, aucun arrangement de famille ne fût intervenu, et le chanoine, vivant avec sa mère, qui jouissait de ses reprises matrimoniales, administrait tant bien que mal (plutôt mal que bien) les restes de l'héritage paternel; un de ses frères, Laurent, demeurait avec lui; deux autres, Jacques-Marie et Pierre, entrés dans la congrégation de Cluny, avaient dû faire cession de leurs droits. Restait Jean-Marie, qui venait faire valoir les siens.

Ces droits étaient réels. Le Beaujolais n'était pas un de ces pays *coutumiers* du nord de la France, qui réservaient presque tout au fils aîné, ne laissant aux autres qu'un maigre « légitime » : c'était un pays de *droit écrit*, c'est-à-dire de *droit romain*, plus équitable, où l'aîné, même s'il est fait héritier testamentaire, ne peut prélever à ce titre que la moitié de la succession (outre sa part du reste), ce qui laisse encore aux autres une part moins restreinte (1). Roland était d'ailleurs, de tous ses frères, le seul qui pût réclamer le bénéfice de la loi : ses deux frères moines avaient dû y renoncer, et son frère Laurent semblait se contenter de vivre auprès des siens.

Il en vint donc, dit-il, à « parler enfin du *sien* et du *mien* », et ceci va nous expliquer un incident de sa vie :

...C'était l'époque arrangée dans mon imagination du plan de ma vie future; je le déclarai avec la franchise qui fait le fond de mon caractère; je devais, de ce jour-là, nourrir le projet flatteur de venir vivre encore pour achever ma carrière où je l'avais commencée, ou travailler à donner de la consistance à quelque vaste projet qui m'en aurait tenu éloigné pour la vie!

Quelle était donc cette alternative? Il faut dire ici que Roland,

-----

(1) Roland, en s'élevant contre le droit coutumier des provinces du Nord, ajoute ce détail dans son manuscrit:

« Je suis actuellement lié d'amitié avec un bon père, qui, aimant également tous ses enfants, et ayant beaucoup de biens à leur laisser, se trouve forcé de les dénaturer, de vendre ici et d'acheter là, du moins pour que un n'ait pas tout. »

durant son séjour à Rouen, y avait connu une jeune fille, Marie-Magdeleine Malortie, s'en était épris, d'une affection qui avait survécu à l'absence, et qu'il songeait à l'épouser, ce qui l'avait fixé loin des siens, à moins qu'on ne lui assurât les moyens de revenir un jour s'établir au pays natal (1).

Roland obtint de sa famille les promesses qu'il souhaitait :

Je vis les yeux se mouiller des larmes de l'attendrissement, et je les reçus dans l'émotion de mon âme comme un garant sacré de la promesse qui me fut faite que jamais l'intérêt n'altérerait la concorde ni ne souillerait l'union du sang. De là, quelques arrangements, ou plutôt des vues concertées d'arrangement, qui passèrent mes espérances et nous comblèrent de joie.

Ces arrangements furent probablement ceux qui figurèrent en 1780 à son contrat de mariage : une somme de 60.000 francs en nue propriété, garantie par une hypothèque sur le domaine du Clos, et la promesse de la jouissance du domaine lorsqu'il serait rentré au pays.

Il s'en considère donc déjà comme usufruitier :

Déjà je disais mon avis, je rectifiais des plans, j'en donnais sur des distributions, des commodités, des embellissements ; surtout j'assignai la place de mon logement, sa forme, son étendue, me réservant ensuite les

---

(1) Voir, sur ce roman de jeunesse de Roland, « *La Maison de Roland à Rouen* », par M. Armand Le Corbeiller, Rouen, 1909. — Mlle Malortie mourut le 24 juillet 1773, et Roland la pleura, sous le nom de Cléobuline, dans un curieux morceau de prose poétique, qui se trouve aux *Papiers Roland*, de la Bibliothèque nationale, n. A. fr., ms. 9532, fol. 358-364. Ses sœurs restèrent les fidèles amies de Roland, et c'est chez elles qu'il se réfugia pendant sa proscription, de juin à novembre 1793.

distributions de détail, etc... Tout cela fit partie des propositions accueillies.

Les pages qui vont suivre n'ont pas été insérées par Roland dans ses *Lettres d'Italie*, en raison de leur caractère intime. Il convient donc de les donner in-extenso.

Je n'ai à parler à présent que de ce qui constitue ma famille, ma mère et deux frères vivant ensemble.

Ma mère (1), qui compte ses ans par ceux du siècle, n'a guère que la sensibilité ordinaire des gens de son âge, forte d'abord, mais bientôt distraite. Mon arrivée lui fit un plaisir très sensible et il parut se renouveler presque à chaque fois qu'elle me voyait, mais beaucoup par la crainte, peut-être trop fondée, de ne plus me revoir : ce qui me fit prendre le parti, lorsque le temps de l'inévitable départ fut venu, de le lui annoncer un jour plus tard, et de ne lui faire mes adieux que par lettre. Je ne connais rien de si terrible que ces moments de séparation : l'édifice humain en est ébranlé jusque dans ses fondements, et la douleur vous navre jusqu'à la stupidité. Tel fut mon état en embrassant mes frères pour la dernière fois ; tel surtout, et plus encore il avait été et fut longtemps en quittant mes amis de Rouen, en 1764, pour m'en éloigner de 200 lieues (2).

Le second de mes frères (3), né avec une santé très délicate, une trempe aussi indolente et non moins sensible, tâta de différents états, et se réduisit à n'en prendre aucun. Il mène une vie douce et la plus heureuse, si les caractères de ce genre n'étaint sujets à laisser prendre sur eux, par ceux qui sont plus actifs,

---

(1) Thérèse Bessye de Montozan, née en 1700, mariée en 1720, veuve en 1747.

(2) Pour aller à Clermont-de-Lodève.

(3) Laurent, né en 1728, prêtre, vivant sans bruit auprès de sa mère et de son frère aîné. Mort le 14 septembre 1782.

un ascendant qui les tyrannise souvent, et qu'il est toujours au-dessus de leur force de secouer.

L'aîné (1), qui se trouve chanoine, conseiller et héritier de mon père, était déjà grand à sa mort lorsque nous étions encore petits. Trop jeune néanmoins pour régir sagement, et ne pas abuser de la position où l'âge, la fortune et les circonstances le plaçaient au-dessus des autres, [il] arrangea d'un côté, brouilla de l'autre, et au total fit d'assez tristes débris d'une fortune déjà très délabrée. La nécessité de se tirer devint plus urgente pour chacun : deux (2) se firent ou on les fit Bénédictins ; le second était alors engagé dans une autre route ; quant à moi, mon âge trop tendre me fit négliger jusqu'à un autre temps : je voulus continuer mieux des études très mal commencées, on me mit au collège des Jésuites de Roanne, en Forez (3), et j'avoue que, sans une maladie qui m'obligea de revenir à la maison, j'étais la proie de cet ordre si souple et si insinuant quand il désirait quelque chose, si fier et si insolent quand il ne craignait rien. Il est pour tout le monde un âge de ferveur, soit pour l'amour, soit pour la dévotion ; on passe de l'un à l'autre sans cahots ; c'est la même disposition de l'âme, il n'y a que l'intention différemment dirigée. J'aime l'expression d'un homme de bon sens sur la manie qu'ont les jeunes gens de l'un et l'autre sexe, pendant quelques instants de leur vie, de se clôturer pour toujours : « c'est, dit-il, la petite vérole de l'esprit ».

---

(1) Dominique, né en 1722, chanoine-chantre de la cathédrale, conseiller-clerc au bailliage de Beaujolais, guillotiné à Lyon le 22 décembre 1793.

(2) Jacques-Marie (1731-1807), et Pierre (1732-1780).

(3) « Un beau collège, bâti par les soins du P. de La Chaise, confesseur de Louis XIV », dit R. de Hesseln.

Cette particularité de la vie de Roland était inconnue. On voit d'ailleurs que ce séjour à Roanne dut être court (vers 1750?).

La maladie qui extirpa les racines de cette dernière fut longue et longtemps dangereuse; ce ne fut qu'après plus d'un an de régime, de remèdes et de langueur que, toujours délicat et faible, m'étant néanmoins bien trop tôt et de trop bonne grâce livré au plaisir près d'un an encore, je m'arrachai au pays, à mes parents et à moi-même pour aller à Lyon tenter un état pour lequel je ne me sentais pas grand goût, mais dont les bassesses et le friponneries que j'y vis faire par les gens chez lesquels on m'avait maladroitement placé, auraient anéanti et tourné en horreur le plus décidé. J'avais alors entre 18 et 19 ans, et 20 complets lorsque je pris de là l'essor qui m'a tant et pour si longtemps éloigné (1).

L'aîné, ayant tout en main, et régissant toujours tout, y a souvent mis trop de fantaisie; il a gêné par là les autres et s'est gêné lui-même. Ce n'est qu'après nombre d'années que, la trace des erreurs les mettant bien à découvert, il en [est] convenu et s'en est repenti, mais peut-être comme un joueur qui a tout perdu: gardant toujours un secret penchant pour la bâtisse, je le crois, il ne lui manque que de l'argent pour avoir sans cesse autour de lui toutes sortes d'ouvriers. Cette

----

(1) Toutes ces données sur la première jeunesse de Roland sont d'une imprécision agaçante. Essayons de les coordonner. Quand son père meurt, en 1747, il avait treize ans, et il semble qu'il fut alors au collège (de Villefranche?): « des études très mal commencées ». On l'envoie alors chez les Jésuites de Roanne; ce doit être en 1749 ou 1750. Une maladie le ramène vers sa mère: « un an de régime, de remèdes et de langueur »: mettons 1750-1751. Puis une année de dissipation, soit 1751-1752. On le place ensuite dans le commerce à Lyon: « j'avais alors entre 18 et 19 ans », ce qui nous mène en 1752-1753. Enfin, « un an complet » (soit 1753-1754), quand il prend son « essor » et part pour Nantes (en mai 1754, comme il le dira plus loin); il dut y séjourner peu de temps, et nous savons qu'il était déjà à Rouen avant la fin de 1754. Mme Roland, dans ses *Mémoires* t. II, p. 245, dit qu'il quitta sa famille à « 19 ans », ce qui nous porterait à 1753. J'ai dit dans une note de mon édition que ce dut être en 1752. Cela devra être rectifié, puisque Roland dit ici: « 20 ans complets », c'est-à-dire 1754.

pleine jouisssance beaucoup trop prompte lui a donné un ton de propriété personnelle et exclusive, d'égoïsme enfin, qui repousse et déplait aux étrangers : on doit juger ce qu'il en a pu être pour ses frères, mais par le temps on revient de tout, et un bon cœur a des droits imprescriptibles.

Le bien où nous étions est resté intact, et c'est dans ce bien et sur ce bien, le mince extrait de beaucoup de biens, que j'établis mes projets.

De sa famille, Roland passe aux hôtes et amis alors réunis au Clos :

Pourquoi ne dirai-je pas un mot de la société qui s'est trouvée à la maison, pendant les deux mois que j'y ai passés? Elle s'est prêtée assez volontiers à tout ce qui devait ensuite augmenter mes regrets pour pouvoir se flatter d'y avoir réussi, à tout ce que la saison et la campagne peuvent fournir, la liberté et la décence peuvent permettre. Je ne parle point des hommes, qui, indépendamment de leurs affaires personnelles, ayant plusieurs maisons où prendre et procurer du plaisir, ne restent que quelques jours dans chacune, mais des femmes, dont le séjour plus long, la vie plus sédentaire, le caractère plus doux, le cœur plus sensible, ou du moins d'une sensibilité plus démonstrative, ménagent une liaison plus intime et amènent des plaisirs qui se font tout autrement goûter.

L'usage est assez général dans mon pays que ceux qui ont des maisons de campagne, outre les visites qu'ils se font mutuellement, d'y avoir à demeure, pour une partie ou toute la vacance, qui dure ordinairement du commencement de septembre jusqu'à Noël ou aux Rois (1), de ceux de leurs amis qui n'ont point de cam-

____

(1) Belles vacances! Étaient-ce celles du bailliage? Les magistrats de nos jours sont moins bien partagés.

pagne. On juge bien que le nombre de ceux-ci est toujours assez grand pour fournir à la société des autres. Parmi celles qui formaient la nôtre, indépendamment de quelques personnes aimables, étaient trois parentes ; l'une, jeune veuve, et à demeure à la ville et à la campagne, la meilleure petite personne, si de quelques petites prétentions, on ne peut plus aisées à rabattre, et en conséquence plus à charge à elle qu'à personne, ne s'élevaient quelquefois quelques petits nuages ; la seconde est dame hospitalière de Villefranche (1), relevant d'une maladie dont la convalescence demandait de la dissipation, fille que j'ai vue naître étant déjà grand, et ayant toute la douceur, la sensibilité et la prévenance de son âge et de son état : état le seul utile de tous les corps religieux, le plus respectable parmi les hommes, et le plus sagement constitué dans son genre. On prend autant que l'on peut des filles dont le caractère et l'éducation assurent la paix dans la maison, la patience, la gaîté et la douceur dans les travaux, les dégoûts et tous les effets de la misère et de la douleur, et l'on y réussit. De ma vie je n'ai vu un hôpital mieux tenu pour la propreté et le soin des malades, et il en est ainsi de l'aveu de tous les malades qui en sortent. La grande raison de tout cela est, je pense, la liberté dont elles jouissent de prendre à volonté tout autre état, de se marier même si elle veulent, exemple cependant très rare. Elles ne font que des vœux simples, c'est-à-

----

(1) L'hôpital de Villefranche était, depuis 1666, confié aux dames de Sainte-Marthe, qui l'ont encore. Le père de Roland avait été recteur de la maison ; son frère Dominique aussi, et avait été choisi par les religieuses, en 1766, comme « directeur-spirituel », autrement dit aumônier.

Dans toutes les lettres de Mme Roland relatives à son séjour à Villefranche, nous la voyons en relations suivies et affectueuses avec les dames de l'hôpital.

Les réflexions de Roland sur le caractère particulier de cet ordre de Sainte-Marthe sont encore exactes de nos jours.

dire des vœux, bien les mêmes que ceux des autres ordres, mais conditionnels, ou pour le temps seulement qu'elles resteront dans la maison.

Cette liberté de soi est la vie de l'homme ; il est mort, s'il l'engage.

La troisième, de mon nom (1), fille de 18 ans, est grande, bien bâtie, d'une figure ordinaire, d'un esprit fin, déjà instruite, mais très *instruisable*, d'une grande vivacité, et cependant d'une trempe fort tendre ; telle enfin qu'une habile main en ferait un sujet charmant : au milieu de tout cela, je ne dirai pas disgraciée, mais entièrement oubliée de la fortune. Je la rappelle avec plaisir à mon esprit ; ce tribut lui est dû pour tout ce qu'elle met dans la société : rire et folâtrer plus que personne quand il en est question, parler raison quand on veut, prêtant l'oreille attentivement quand il en peut résulter des connaissances propres à orner l'esprit, et surtout prévenante sur toutes les petites choses du ressort de son âge et de son état.

J'ai été frappé mille fois par autant d'exemples des effets étonnants de la fortune sur les esprits : ceux à qui elle a toujours manqué se moulent un caractère en conséquence, et en peuvent être d'autant plus estimables, telles que la personne dont il vient d'être question ; mais je veux parler de ces transformations, qu'on prendrait pour de vraies transmutations, tant elles ressemblent au grand-œuvre, qu'opère la présence ou l'absence subite des richesses. Leur présence fait presque toujours des insolents : le proverbe de tous les pays, que mieux vaudrait qu'une province périt que si un gueux s'enrichit, en est une preuve ; une fortune rapide fait presque toujours détester l'homme presque toujours détestable qui l'a faite ; ce n'est guères que par

---

(1) Je n'ai pu identifier cette personne de la famille de Roland.

ruse ou violence, et toujours aux dépens de tant d'autres, qu'on croit faussement éblouir ou faire taire en les écrasant de sa morgue. Leur absence a un effet tout contraire : on devient humain, doux, généreux : la société, la vertu même y gagne. J'ai vu une foule d'hommes inabordables se mettre ensuite à la portée de tout le monde, le désirer, s'en faire un mérite ; j'ai vu en bien plus grand nombre des femmes méprisantes, hautaines, acariâtres, devenir humbles, douces et très sociables. [Les gens riches en général ne font rien, ne savent rien, et il est très ordinaire de trouver les passions et les préjugés, l'ignorance et l'absurdité, enfouies dans l'or, bien plus encore que sous les haillons. D'où je pense, et par mille autres raisons encore, que ce qu'on nomme adversité n'est pas un grand mal ; je serais au contraire fort tenté d'en conclure, en généralisant la thèse, comme le fait la Fontaine du cocuage.

Roland passe ensuite à la description du Beaujolais et de Villefranche. Bien que ces pages du manuscrit de 1769 aient été transportées par lui en 1780 dans ses *Lettres d'Italie,* elles ont trop d'intérêt pour nous pour que je ne les reproduise pas (d'autant plus que le livre est devenu assez rare) :

Il me reste à dire un mot de mon pays avant que d'en partir :

On sait que les grandes rivières font presque toujours de beaux sites, et l'on peut dire que la Saône figure dans un des plus admirables de la France. Toute la partie du haut Beaujolais qu'elle confine est successivement cultivée depuis son cours en prairies et en terres dans la plaine, et en vignes dans une immense suite de côteaux de toute hauteur, de toute forme, de tout aspect, entièrement parsemés de villages et de jolies maisons de campagne isolées, et terminés dans le bas par la grande route de Lyon à Paris par la Bourgogne ; de sorte que la route de terre comme celle d'eau fournissent aux voyageurs des points de vue de 3 à 6 lieues d'une part sur 4 à 5 de l'autre, les plus variés et les plus riants que je connaisse. La Saône est bordée de l'autre côté par la Dombe, qui la resserre en s'élevant sur un terrain plus sec, couvert cependant partie en bois ; aspect un peu agreste, qui termine agréablement le coup d'œil.

Villefranche est une de ces petites villes comme il en est tant, où la trempe est bonne (1), mais où la petite vanité détruit souvent les meilleures dispositions. On y est très paresseux, et c'est sans philosophie : bavards, petites gens à petites histoires, c'est le lot de toutes les petites villes. Aussi, me retirant dans mon pays, y passerai-je au plus 3 mois de l'année, de Noël ou des Rois à Pâques. Elle a une très large rue, qui longe d'un bout à l'autre la grande route, et dont une des portes de la ville offre celle qui lui est opposée, en pente de part et d'autre pour se prêter au cours d'une petite rivière qui la traverse dans le milieu et va se jeter après dans la Saône, dont la ville est distante d'une demi-lieue. Il n'y a qu'une paroisse d'environ 5.000 âmes, un chapitre de 14 chanoines, 4 communautés religieuses, 2 d'hommes et 2 de femmes, des Pénitents blancs et noirs, un hôpital, un grand Bailliage, une Élection, et la plus piètre des académies (1). Il est inutile de citer toute la pretentaille de la maltote.

Notre maison de campagne n'est point une de celles dont nous avons parlé, si heureusement situées : elle

---

(1) Voir la lettre de Mme Roland du 22 avril 1785, à Bosc, où elle lui décrit d'une manière piquante la ville et ses habitants : « On n'y est point du tout mal... »

(1) Il en devint « associé », c'est,-à-dire membre non-résident, en 1779. Aussi, en imprimant en 1780, supprime-t-il l'épithète, se contentant de dire : « *Ne sono anch'io* » « J'en suis ».

est sur le territoire lyonnais, et a pour principale vue le revers d'un des plus magnifiques coteaux du Beaujolais, qui est en plus grande partie couvert d'une vaste forêt (1), dont nous ne sommes séparés que par une vallée très étroite, mais fort profonde. Du reste, nous sommes entourés de vignes, et masqués sur le derrière par une très haute montagne (2) qui en est entièrement couverte. Une telle position paraîtra triste à bien du monde ; qu'importe ? elle me plaît assez. -

----

(1) Les bois d'Alix.
(2) La montagne de Theizé.

TROISIÈME PARTIE

RETOUR A PARIS PAR LES PROVINCES DU CENTRE

I. — *Du Clos à Roanne.*

ROLAND repart donc, le mardi 28 novembre, après être resté juste huit semaines parmi les siens, et, sans repasser par Villefranche, prend le chemin de Tarare.

Il faut partir néanmoins, le jour est fixé en secret au mardi 28 novembre. Debout de grand matin, j'attends·auprès du feu avec mes deux frères, nous entretenant à voix basse, une légère teinte de grisaille à la place du noir le plus sombre des voiles de la nuit. Nous tâtonnons ensemble jusqu'aux bas d'une descente très pierreuse... Je ne retracerai point mes derniers adieux; je monte à cheval et pars. Il gelait à glace, et je fus obligé plus d'une fois, dans un trajet de peu de lieues, d'aller à pied pour m'échauffer; mais ce n'était qu'un prélude de ce que je soufffris du froid quelques jours après.

Je passai par *Tarare*, franchis la montagne de ce nom, fameuse par sa hauteur et la belle route qu'on y a tracée, et j'arrivai à Saint-Cire (1), chez un parent de ce nom; pays affreux, en partie incultivable, pays de montagnes, plus peuplé de chèvres que d'hommes. Je pouvais y passer quelques jours, mais la disposition où

---

(1) Saint-Cyr-de-Valorges, village du département de la Loire, canton de Néronde, à 800 m. d'altitude. — Un Thomé de Saint-Cire (c'est ainsi qu'on écrivait alors), parent de Roland au 6ᵉ degré, avait une sœur mariée à Godinot, l'inspecteur des manufactures de Rouen. Je trouve un Thomé de Saint-Cyr compromis, en 1795-1796, dans la conspiration royaliste de Bésignan (A. Debidour. *Recueil des actes du Directoire,* t. I, *passim*).

m'avait jeté la séparation d'avec ma famille ne me faisant prendre de plaisir nulle part, je ne fis que séjourner ici, et, à cheval, comme j'y étais venu, je gagnai *Roanne-en-Forez* au plus vite, 6 lieues avant et 6 lieues après. Les lieues de cette partie de la France sont bien autrement longues, et quelquefois bien autrement difficiles que celles des environs de Paris, de la Normandie, de la Picardie et autres provinces. Les voyageurs ne comptent que 12 lieues de Roanne à Lyon ; la poste en compte 20, et, en égard au plus grand nombre de chevaux qu'il faut prendre à certaines postes et à la double de Lyon, on en paye 24, 12 postes. J'eus une cruelle journée : il avait un peu neigé la nuit : mais au point du jour, lorsque je partis, le froid excessif avait condensé la neige en l'air en petits grains durs qui, chassés par un vent du nord violent et glacé, pinçaient le visage et piquaient les yeux horriblement ; la pluie dans quelques moments, mais le froid sans cesse pénétrait de la tête aux pieds. En arrivant, je me mis en possession d'une place auprès du feu de la cuisine de l'auberge ; la chaleur trop subite me fit une impression très vive de crispement sur la peau et les yeux ; ma vue s'obscurcit, et je ne vis pendant plus d'une heure qu'à travers un brouillard très épais. J'ai encore éprouvé ces accidents dans plusieurs circonstances semblables, et c'est à plusieurs autres égards encore que je dois regarder ce passage trop brusque comme très dangereux. Le meilleur parti en pareil cas, et plus encore dans la cruelle position où je me trouvai le lendemain, est de rester quelque temps dans l'écurie, et même de s'étendre sur le fumier. Ce temps de crise ne fut pas néanmoins tout perdu pour l'observation ; je considérai avec intérêt une iris de 9 à 10 pouces de diamètre, dans une position presque horizontale, autour d'une lueur qui sortait d'entre deux bûches, à 2 ou 3 pouces au-dessus desquelles elle se soutenait; toutes les couleurs, également vives, tranchaient également dans toute la circonférence. Ce phénomène n'était que pour moi, à qui il ne s'était jamais rendu aussi sensible, et qui n'en jouis depuis qu'une seule fois, dans une disposition semblable de ma personne.

J'avais compté prendre à Roanne la voiture d'eau pour *Briare*, et la route, réglée autrefois, et tombée aujourd'hui. Je fis prévenir, j'attendis une demi-journée, dans l'espérance qu'il se présenterait quelqu'un, et que nous fréterions une barque en commun. La rigueur du temps éloigna tout le monde; je fis marché pour moi seul: le lendemain, le patron se dédit; un autre se présenta, je lui donnai des arrhes; mais il m'ajusta si mal ma cabane (1) que j'y aurais immanquablement péri par le froid; je lui laissai mes arrhes et j'abandonnai ce projet. Mais de trouver chevaux ou voiture quelconque, ce fut la chose impossible. Enfin, il était près de 3 heures après-midi, le 1er décembre, qu'après avoir gâché la neige et les boues de toutes les rues de Roanne, accablé d'impatience et d'ennui, je pris la poste à franc-étrier, en bottes molles et à toutes selles.

Roanne est un gros bourg, beaucoup plus considérable que la plupart des petites villes de France; c'est la retraite d'hiver de l'ancienne noblesse des environs, par préférence à Lyon; elle y est sujette à moins de dépenses, et ne peut y être effacée à aucun égard par personne. Les d'Albon, princes d'Yvetot, dont on a tant dit et dont on peut encore dire tant de choses, sont du nombre, ou plutôt à la tête (2).

C'est là que la Loire commence à être pleinement

____

(1) La cahute où le voyageur devait s'abriter sur le bateau.

(2) Voir sur eux l'ouvrage du marquis de Ségur ,sur *Julie de Lespinasse* (p. 4-16), la célèbre amie de d'Alembert, qui était de cette famille.

navigable ; c'est là que je m'embarquai en mai 1754 pour descendre jusqu'à Nantes, temps auquel on construisait le beau pont de bois qui la couvre aujourd'hui. C'est là que j'avais étudié quelques années avant chez les Jésuites ; c'est par là enfin que passe la grande route de Paris à Lyon par le Bourbonnais, celle que je vais suivre. Le pays est très agréable ; j'en juge de plus loin, car en décembre rien n'est beau dans la campagne ; c'est une triste parure que les images de la mort dont elle est couverte ; il faudra donc désormais faire abstraction de la saison et du temps. La Loire, le Rhin (1), l'Hornaison (2) et plusieurs autres rivières plus petites bordent et circulent dans une vaste plaine entourée de coteaux couverts de vignes, dont le vin, assez bon, a un débouché toujours sûr, par la grande facilité du transport à Paris, par la Loire jusqu'à Briare, et par le canal jusqu'en Seine. Il en est ainsi de tous les rivages de la Loire et de l'Allier, qui s'y jette au-dessous de Nevers ; ce qui les rend très animés, et donne de l'aisance aux environs. Cette rivière néanmoins est terrible quelquefois par l'immense quantité des sables qu'elle charrie ou qu'elle déplace, par l'incertitude de son cours et l'étendue du terrain qu'elle embrasse d'un moment à l'autre. On la quitte à Roanne même, en suivant la grande route, en se rapprochant toujours de l'Allier, qui passe au-dessous de Moulins.

II. — *De Roanne à Moulins.*

On compte et l'on paye 6 lieues de poste en deux courses de Roanne à La Pacaudière (3). A la première

---

(1) Lisez *Rhins* ou *Rheins*. Il semble qu'alors on écrivait *Rhin*. — Affluent de droite.
(2) La *Renaison*, affluent de gauche.
(3) Chef-lieu de canton de la Loire, au N. O. de Roanne.

j'étais transis, mais encore mobile; je m'assis auprès du feu du maître de la poste, déplorant le triste sort des courriers. Lorsque je commençais à reprendre haleine, entre mon nouveau postillon, qui me dit que le cheval était prêt, que la nuit approchait, que le froid ne faisait qu'augmenter, et qu'il me conseillait de partir sur le champ (1)...

Il gelait tellement que les chevaux avaient beaucoup de mal à pincer sur la terre; le froid me pénétra jusqu'à la moëlle, et pour le coup j'étais transi, immobile; il fallut me descendre de cheval et me porter auprès du feu.. J'eus la précaution cette fois de ne me chauffer que par degrés, et je m'en trouvai bien. On pourrait croire qu'après une pareille scène, dans une nuit où le temps était loin de s'adoucir, je n'avais rien tant à désirer qu'un bon lit, bien chaud, et que j'aurais pris même tel qu'il fût; il n'arriva rien de tout cela, car le voiturier que j'envoyai chercher, dans l'intention de m'arranger avec lui pour le lendemain, ne voulait plus courir les risques de me geler, ou de me casser le col, les jambes, etc... et peut-être l'un et l'autre, me dit qu'il ferait plus froid encore le matin que dans la nuit, et que, si je voulais l'en croire, nous partirions dès que j'aurais soupé. « Ma foi! puisqu'il faut aller, allons! » lui dis-je, et nous partîmes entre 8 et 9 heures, pour arriver à La Palisse, 6 lieues de poste encore, à près de minuit. Ces voitures ne sont autres qu'une petite charrette découverte et toute à jour, sur laquelle on met une petite paillasse pour s'asseoir; j'en pris deux partout pour mieux m'arranger, un gros manteau ici, une couverture là, et je courus ainsi de jour ou de nuit jusqu'à Nevers. On ne met qu'un seul cheval, fort et vigoureux, à ces voitures, et le conducteur, assis sur le

---

(1) Ici, je supprime une anecdote par trop scabreuse. Roland a parfois un laisser-aller de célibataire.

brancard, fait aller sans cesse au grand trot, au moins aussi vite que la poste. Ces voitures sont établies, disent-ils, pour les mariniers ou bateliers de la Loire qui partent plus tard, ou qui veulent arriver plus vite que leurs bateaux, ou du moins prétendent-ils ne pouvoir prendre personne autre sans courir des risques de la part des messageries (1), ni de paquets ou valises au delà d'un certain poids. En conséquence, ils les font chèrement payer, surtout quand on est seul; et je fus toujours seul.

Les frontières du Forez de ce côté [sont] montagneuses, pays de bois et aspect sauvage : celles du Bourbonnais, jusqu'à une certaine distance, sont plus tristes encore ; c'est un terrain graveleux, maigre, sec, beaucoup de landes et très peu d'habitations. En avançant on découvre de loin, bien au-dessous de soi, dans une vaste plaine, les rivages de l'Allier, dont le pays très couvert, peuplé et fertile, paraît charmant. On avance ainsi entre ces deux rivières, dont le cours, presque parallèle jusqu'à Nevers, est presque aussi volumineux et aussi rapide. On rencontre dans les bois, avant *La Palisse*, une cavée (2) extrêmement profonde, avec un très beau pont sur un ravin qui la creuse davantage encore ; tout seul avec mon homme, entre onze heures et minuit, je me disais à moi-même : « Celui-ci ou tout autre aurait bon marché de moi sur ce pont et à l'heure qu'il est », lorsque tout-à-coup, morfondu par le froid comme moi, il interrompt un long silence pour me parler de voleurs, en ajoutant qu'il y en avait eu pendant longtemps qui faisaient leur retraite sous ce pont, et qui arrêtaient, dévalisaient, et souvent tuaient les passants. Nul endroit en effet n'y

---

(1) Qui avaient le monopole des transports.
(2) Terme de vénerie. Chemin creux.

est si propre; et je portais de beaux louis d'or à remettre à quelqu'un. Le froid continuait dans toute sa rigueur, et malgré les violentes secousses, cinq doubles de grosses étoffes sur les épaules et sept sur la poitrine, sous la couverture ou le manteau dans lequel j'enveloppais de mon mieux les jambes, les cuisses, et une partie du corps, je ne descendais guère que je ne fusse saisi et presque roide.

Je passai une assez mauvaise nuit à *La Palisse*, après avoir fait prix avec un autre pour me conduire à *Moulins*, 13 lieues de poste, où j'arrivai entre 3 et 4 heures après-midi, étant parti à 8 heures du matin et ayant dîné en route.

Nous rencontrâmes, 3 à 4 lieues avant Moulins, un soldat de Royal-Cravattes (1) mort et gelé sur le chemin. On prétend qu'il avait bu et s'était endormi : je veux le croire, pour décharger mon imagination des horribles douleurs qu'on doit souffrir à mourir de froid; car je n'en suis pas mort, et j'ai essuyé des souffrances plus cruelles que je n'eusse jamais cru notre frêle machine capable de les supporter. Cet homme paraissait âgé d'environ 50 ans, mais il avait les joues vermeilles et conservait un air de vigueur et de santé qui faisait d'abord croire aux passants qu'il dormait. Il était plus de 2 heures après-midi que depuis la nuit précédente personne n'avait osé y toucher; son régiment était à Moulins et l'on en parlait beaucoup lorsque j'y arrivai.

Moulins est une ville trop grande pour sa peuplade qu'on estime à environ 12,000 âmes, lorsqu'elle en contiendrait le double sans gêne. Les rues y sont mal alignées, les places petites, irrégulières; mais les maisons en sont assez bien bâties; on fait actuellement une

---

(1) Régiment de cavalerie étrangère au service de la France.

petite promenade dans l'intérieur de la ville; celles du dehors sont grandes et belles. La coutellerie occupe plus de monde à Moulins qu'aucun autre genre de fabrique; mais au total le commerce y est peu considérable. J'eus avant la nuit tout le temps nécessaire pour voir cette ville, dont les environs, plus fertiles que les campagnes précédentes, paraissent bien cultivées.

III. — *De Moulins à Nevers.*

On croirait que je couchai à Moulins: point du tout: nouveaux prix, nouveau conducteur; je soupai à 7 heures, partis à 8, et arrivai à 11, à 6 lieues de poste par delà, dans une auberge isolée dont j'ai oublié le nom. Je me chauffai bien et me jetai tout habillé sur un lit, pour repartir le lendemain matin avec un autre conducteur encore.

Je repartis au point du jour, et traversant à 3 lieues de là la petite ville de *Saint-Pierre-le-Moutier*, je poussai sans relâche jusqu'à 4 lieues au-delà, et 3 avant *Nevers*. Je demeurai là près de deux heures à attendre qu'un 5ᵉ voiturier fût revenu de la messe, car c'était un dimanche, le 3 décembre; qu'il eût repais (*sic*) et fait repaître son cheval; je ne perdis pas mon temps, je déjeunai aussi et me chauffai bien. Le temps s'était adouci et ce ne fut qu'une promenade jusqu'à *Nevers*, où j'arrivai entre 1 heure et 2 heures après-midi.

On dira que ce n'est pas là voyager, mais bien courir, et j'en conviendrai. Je voulais arriver, je souffrais en route, et que voir en pareille saison et dans un temps aussi rigoureux? Je m'arrêtai cependant à Nevers pour en voir les fabriques, car les ateliers peuvent se visiter également en tout temps. J'y vis avec plaisir le travail de ses émaux, quoiqu'il ne me fût pas nouveau; c'est le principal objet du commerce de cette ville, et il y est considérable ; on y travaille assez délicatement même, surtout en magotaille et petites figures d'ornement de cheminées et de cristaux, pour s'y méprendre au premier coup d'œil, tant il ressemble à de la porcelaine. Je vis, chez un des plus habiles ouvriers, 10 figures de ce genre très jolies, représentant Apollon et les Muses avec leurs attributs, le tout pour 100 l., ce qui, eu égard au beaucoup plus bas prix que les mêmes ouvrages en porcelaine, détermine bien des gens à en prendre par préférence. Le dessein se travaille en verre pur au moyen d'un tube de cette matière, dans lequel on coule un fil très mince de cuivre jaune, afin que la partie de la matière mise en fusion reste toujours adhérente avec l'autre, qu'on tient d'une main, et avec laquelle on dirige le travail : ce fil de laiton lie et donne de la consistance au tout en fondant avec le verre, mais ne se mêle point assez dans la fusion pour lui ôter sa transparence, ce qui est, comme l'on le sait, le propre des chaux métalliques mises en fusion avec le verre ; c'est ainsi qu'ils recouvrent ; car l'émail n'est autre chose qu'un verre rendu opaque comme on vient de dire, et dont la couleur est déterminée par la nature du métal. Tous les émaux se traitent à la lampe, dont la flamme, rendue très active par un soufflet à vent perpétuel ou à deux âmes, est portée dans une direction inclinée en face et opposée à celle de l'ouvrier sur l'ouvrage, de telle manière que l'ouvrier embrasse la lampe et ne travaille qu'au delà, en portant la vue par dessus, en même temps qu'il donne jeu aux soufflets avec le pied.

Nevers est plus irrégulier et plus mal bâti que Moulins ; plus peuplé cependant, quoiqu'il y ait des quartiers où il n'y a personne ; mais l'enceinte est immense.

La cathédrale, grande pour le lieu, n'a de remar-

quable que d'assez belles stalles qu'on y faisait pour
lors. L'évéché, nouvellement construit, est un très beau
bâtiment. Le palais des ducs est fort ancien, mais bâti
dans un grand goût, au fond d'une vaste cour plantée
d'arbres formant 5 à 6 allées de chaque côté, qui font
un bel effet, laquelle cour reste à découvert en plein,
n'étant séparée d'une très grande place carrée publique
que par une étendue de grillage en fer, posée sur un
mur à hauteur d'appui, et au milieu duquel est la barrière d'entrée, en face de la principale porte du palais.

On trouve encore à Nevers, en genre de fabrique,
une manufacture de verre blanc dit cristal, où je vis
faire des vases de jauge, ou mesure déterminée, des
bocaux par exemple. Après avoir pris une suffisante
quantité de matière au bout de la canne, l'avoir soufflée
pour la grandir, et balancée plus ou moins rapidement,
suivant son degré de chaleur, pour l'allonger, l'ouvrier
donne le poli et toutes les formes avec un outil de fer
ou d'acier, semblable à de petites forces, et qu'on a soin
d'enduire de cire de temps en temps, comme on fait
aussi réchauffer la matière lorsqu'elle en a besoin,
rapprochant à chaque fois l'échantillon de la mesure à
faire. Et quelques manufactures de faïence légère,
cassante et sans consistance, et le tout faute d'art, car
on en tire les terres des environs de Rouen, où l'on fait
de très bonne faïence quoique un peu trop lourde,
qualité pour certaines personnes, défaut pour d'autres,
qui lui a donné du discrédit dans plusieurs endroits.

Je fus à la comédie à Nevers, qui a cela de fort commode et d'unique peut-être en France qu'on s'asseoit au
parterre. Du reste, c'est un trou mal éclairé, mal illu-
miné, digne en tout de la troupe qui y jouait. J'y vis
10 à 12 femmes qui, comme les femmes de province à
prétentions, cent fois plus aimables en suivant tout
uniment la bonne nature, sont cent fois plus ridicules

que les Parisiennes qu'elles veulent et ne sauraient imiter. Le plus grand nombre des spectateurs étaient des officiers et soldats du régiment de la Reine. Je vis à Nevers un de mes compatriotes, ancien camarade, dont la fortune s'était jouée de la famille comme de la mienne, et qui se tirait d'affaire de son mieux, et par lui, comme moi. Je soupai chez les Bénédictins, dont plusieurs sont de ma connaissance, et enfin j'en partis le 4, sur les 11 heures, à cheval, par un chemin de traverse, pour m'enfoncer dans les campagnes du Nivernais. J'observerai qu'avant d'arriver à Nevers, du côté de Saint-Pierre, on a une très grande vallée à traverser, à l'extrémité de laquelle coule la Loire, qui bat les murs de la ville, et qu'on traverse sur un pont auquel on fait de grandes réparations actuellement ; et que la ville en amphithéâtre et ses environs, assez bien cultivés, forment, du sommet et de la descente du coteau opposé, un très beau coup d'œil.

IV. — *Séjour en Nivernais.*

L'intérieur du Nivernais est un pays gras, couvert de mines de fer, couvert de bois, n'ayant de terres en culture qu'au bas des coteaux, et de prés qu'au fond des vallées, et en conséquence beaucoup plus peuplé de coupeurs de bois, de chargeurs ou rangeurs, de charbonniers, de maîtres et ouvriers de fourneaux, de forgerons et voituriers nécessaires à tous ces gens-là, que d'autres personnes et surtout de cultivateurs. Non que les terres n'y soient très bonnes ; mais c'est que les possessions y étant très peu divisées, puisque dans la plupart des endroits 3 à 4 seigneurs envahissent des paroisses entières d'une grande étendue, sans qu'il y ait le moindre petit propriétaire, ces riches particuliers tournent toutes leurs vues du côté des forges, où le peuple, trouvant journellement quelque argent comptant, afflue, au lieu de cultiver des terres, dont le revenu plus éloigné, très casuel, et entièrement incertain pour eux après une petite révolution d'années, les tente si peu qu'ils les laissent dans le plus mauvais état possible ; poussant à cet égard la négligence jusqu'au point de laisser périr d'année en année des milliers de charges d'engrais et d'excellents fumiers, très à portée de ces terres et qui ne coûteraient que de le voiturer.

Les chemins sont affreux dans tout ce pays, presque impraticables en tout autre temps que lorsqu'il fait très sec, et dans les fortes gelées. J'y ai passé dix jours. 5 à La Belouze, à 4 lieues de Nevers, et 5 à Beaumont (1), 2 lieues plus loin, deux terres appartenant à un de mes parents, où j'ai vu, non seulement toutes les opérations tendantes à produire le fer marchand et en barres, mais beaucoup d'ateliers et de mécaniques propres à l'ouvrer. J'ai donc vu extraire, ce qui [se] fait par la voie des fouilles, en puits et galeries, comme pour toute autre mine : il y en a de plusieurs sortes : les unes en terres ocreuses, plus ou moins chargées d'un gravois ferrugineux, d'autres en grenaille mastiquée dans une terre durcie, et celles-ci sont les plus abondantes. Mais il y a ensuite des observations à faire sur

---

(1) Ces deux terres étaient voisines de Guérigny, dont les gisements métallurgiques et les forges ont encore l'importance que l'on sait. Beaumont-la-Ferrière, sur la Nièvre, est à 26 kil. au N. de Nevers. La Belouze est un peu plus rapprochée de Nevers. Le parent de Roland était M. de Bézé de la Belouze ,conseiller à la grand'chambre du parlement de Paris. Son entreprise industrielle dut mal tourner, car en 1777 il était ruiné et obligé de vendre sa charge. Sa fille, Marie-Claudine de Bézé de la Belouze, alla s'établir dans un couvent, à Paris, tout en gardant ses relations avec le monde, et se montra fort dévouée à Roland.

chacune, qui demandent des détails et beaucoup de connaissances (1).

...Tout se fait au charbon de bois et l'on peut juger combien il en faut pour tant d'opérations. La personne chez laquelle j'étais en récolte 10,000 cordes par an (2), et en achète beaucoup encore ; d'autres en consomment beaucoup plus. On le vend 25 s. la corde sur pied, et on le regarde comme excessivement cher, étant considérablement augmenté de prix depuis quelques années. On en tire de 5 à 6 lieues de loin, et l'on juge bien que ce sont alors les voitures qui coûtent le plus, quoique le charbon se fasse toujours sur la place.

Il y a un usage fort singulier dans ce pays-là, et on ne peut plus abusif, qui ôte la faculté à chacun de faire couper ses bois comme il lui plait, ce qui se fait tous les 18, 20 à 21 ans, et quelquefois 27 à 28 ; trois espèces de communautés, sans droits, sans autorité, ni aucune sorte de réunion que celle qu'il leur a plu de former en corps séparés et réunis, entrent dans tous les bois lorsqu'ils sont marqués en coupe : la première les coupe, la 2ᵉ en charge ou arrange les fourneaux à charbons, et la 3ᵉ y met le feu, le conduit, et fait le charbon enfin : et tous, lorsque cela est fait, viennent demander au maitre du bois le prix de leur travail, réglé sur un taux général fixé et augmenté de temps à autre par eux-mêmes. Un des grands inconvénients est qu'ils coupent le bois à un pied, un pied et demi de terre, pour n'avoir pas la peine de se baisser, ce qui le fait repousser, et toujours mal, sur de très hautes souches, à moins qu'on ne fasse ce qu'on appelle *essoucher* après, ce qui rend les frais doubles. Si l'on fait venir du monde en force

(1) Je supprime une longue description des opérations métallurgiques, auxquelles Roland assista avec une curiosité attentive, mais qui n'ont plus d'intérêt aujourd'hui.

(2) La corde valait environ 4 stères.

du pays ou du dehors pour s'opposer à ce que ces gens-là fassent votre besogne, et qu'on fasse couper ses bois, faire son charbon, etc... par d'autres, comme cela est arrivé, ils ne disent mot ; mais il arrive aussi dans l'année qu'on vous brûle 20, 30, 40, 50 arpents de bois, et malheur aux voisins ! si on y envoie peu de monde, ils les écharpent ou les assomment... Et qui est-ce ? On n'en sait jamais rien. Ils font des réceptions entre eux, ont des signes qui leur sont communs à tous, mais inconnus à tout autre ; et chaque ouvrier travaillant, rencontré par un autre, est toujours requis par un signe de répondre par un autre signe, et successivement, faute de quoi il est reconnu bâtard par les frères, qui se prêtent tous la main pour le chasser au plus vite de la famille et de ce qu'ils regardent comme leur héritage (1). On juge bien qu'on a cherché des moyens pour extirper cette race ; mais on ne se trouve encore jusqu'ici que plus éloigné d'en être venu à bout. Au reste, tout le monde a le port d'armes dans ce pays. On prétend que c'est un droit des forgerons ; mais tout autre, ainsi qu'eux, n'est guère rencontré sans son fusil sous le bras ; et tous chassent lorsque le temps le leur permet. Il y a du lièvre, du sanglier, et de la bécasse dans le temps, en assez grande quantité, mais plus particulièrement du chevreuil ; les marais et les étangs fournissent aussi beaucoup de gibier d'eau et de poissons.

J'étais là chez des parents qui, de tous les temps, me firent des amitiés sans nombre, et auxquels je suis très attaché. J'y étais avec la même liberté que chez moi, quoique dans la plus grande et la plus nombreuse compagnie, toujours de 20 à 25 à table. Ambassadeur en cour étrangère, tenant et portant le nom d'un

---

(1) Détails bien curieux sur cette franc-maçonnerie de charbonniers en plein régime monarchique.

ministre puissant (1), sa femme, la mère, et plusieurs parents de l'un et de l'autre, de la noblesse de la province, etc... J'éprouvai que les grands ne méritent pas toujours la haine qu'on leur porte : il est vrai que je n'étais pas homme à éprouver longtemps le contraire, au lieu que je n'en partis qu'avec beaucoup de regret. J'en remportai un bien sincère relativement à l'administration des choses que j'avais vues et que j'avais osé regarder de près. Je n'oublierai point de parler d'une jeune personne qui, en ayant autour d'elle de plus jolies, fut la seule qui me frappa. J'y trouvai des germes naissants de philosophie et de sensibilité dans l'âme, le tout retenu avec contrainte par circonspection, car rien n'est moins philosophe que le gros de cette assemblée : j'y trouvai une douce mélancolie qui s'égayait avec grâce, beaucoup de douceur dans le caractère, de la politesse, de l'aisance et de la simplicité dans les manières, enfin je vis, comme tous les autres hommes, qu'on ne pouvait la comparer à aucune des autres femmes, tant elle était ici au-dessus de toutes les personnes de son sexe.

Je me hâte de partir d'ici, quoiqu'il m'en reste bien des choses à dire sur différents objets : mais le temps me presse et mon papier tire à sa fin...

V. — *De ' Belouze à Briare.*

Arrivé le 4, je partis le 13, à 8 heures du matin, à cheval, pour *La Charité*, où j'arrivai à midi par des chemins affreux, presque toujours à travers les bois. Nous partîmes ce jour-là de la même maison, de différents côtés et par différentes voitures, 15 à 16 maîtres,

---

(1) Le baron de Choiseul, ambassadeur près du roi de Sardaigne. Il fit accueil à Roland à Turin en septembre 1776 et en août 1777. Je ne saurais préciser le lien de parenté.

et 9 à 10 domestiques. J'eus à ma part, pour compagnon de voyage, un jeune homme qui a de l'esprit, beaucoup de mémoire, de la vivacité, qui est hardi, entreprenant, et qui a la plus grande confiance en ses entreprises, sans assez de prudence ni de connaissance des hommes : qualités dont la plupart demandent dans les autres beaucoup plus de réserve que n'en a celui qui les possède, et d'autant plus qu'elles sont moins faites pour la supporter.

Nous avions donné rendez-vous, à La Charité, à deux de nos messieurs, qui, ayant affaire à Nevers, ne devaient nous joindre que pour souper ensemble ; mais j'avais pris les devants parce que je voulais avoir une demi-journée à moi pour visiter la ville et sa manufacture.

La Charité et *Cosne* sont successivement situées sur la grande route et sur la Loire, la première à 7 lieues de Nevers, et la dernière à 15. La ville de La Charité est petite et fort mal bâtie, mais très peuplée, agissante et industrieuse. C'est le port d'entrepôt de presque tous les fers du Nivernais et du Berry. J'ai oublié de dire que ceux de cette dernière province, qui n'est séparée de l'autre que par la Loire, et qui fourmille aussi de mines de fer, sont beaucoup plus estimés, comme plus doux et plus liants, que les fers du Nivernais, qui en général sont un peu aigres ou cassants, ce qu'on attribue bien un peu à la différence des traitements, mais principalement à la qualité première des mines, très différente dans l'une et l'autre province.

On travaille aussi en coutellerie à La Charité, mais la manufacture qui y occupe beaucoup de monde réuni, et qui se montre avec éclat, est celle de boutons surdorés ou surargentés, où l'on a débuté, avec la folie qu'on porte dans la plupart des grandes entreprises, par faire des bâtiments immenses et magnifiques, qui la font plutôt prendre pour le château d'un grand seigneur que pour un réceptacle d'ouvriers : folie qui a été poussée au delà de 350,000 livres de dépenses préalablement à aucun profit, et qui en a failli déjà plusieurs fois, comme de tant d'autres, occasionner le renversement. J'y ai vu faire généralement toutes les opérations, depuis le cuivre mêlé de calamine, tiré de l'étranger, jusqu'à l'entière perfection : fondre en barres, laminer, découper, décaper, rogner, dorer, griller à feu sec, frapper en noir, puis le desssin, faire les moules, les percer, passer les cordes à boyau, enchâsser au mastic chaud, couper le superflu, le tourner pour saisir, polir à la pierre sanguine, et les arranger enfin. Il y aurait mille petites observations à faire sur chacune de ces opérations, mais ce n'en est pas le lieu, et d'ailleurs il en est plusieurs pour lesquelles il aurait fallu plus de temps, plus d'examen, et, pour tout dire, se trouver vis-à-vis d'un homme plus ouvert, moins sur la réserve, moins méfiant que n'est le directeur, qui nous conduisit partout, lui étant adressés, qui tergiversait assez gauchement lorsque je voulais pénétrer dans les secrets de l'art. Le prix des boutons est depuis 1 l. 10 s. la douzaine jusqu'à 24 l., ce qui dépend du plus ou du moins de dorure jusqu'à 100 s. ou 6 l., car ceux du plus haut prix sont comme damasquinés en or sur un fond d'argent ou en argent sur un fond or. Les plus beaux, faits ainsi, sont relevés en diamants et brillent de même à la lumière. On fait encore, dans cette manufacture, des boucles surargentées, des bossettes de brides, des plaques de casques, etc... Il y a de 3 à 400 ouvriers qui y travaillent continuellement, et, quoiqu'on ne pût pas fournir aux demandes dans le temps que j'y passai, l'entreprise, continuait-on de dire, branlait encore au manche.

Je précédai nos messieurs à Cosne pour la même

raison que je les avais précédés à La Charité, où l'un d'eux, intéressé dans la manufacture de boutons, avait affaire pour deux heures: l'un et l'autre devant se rendre incessamment à Paris et se hâtant d'y arriver en chaise de poste; nous la prîmes, nous, à franc étrier, avant même qu'ils fussent levés, ce qui nous donna environ 4 heures d'avance, le temps de visiter la coutellerie de Cosne, qui fait l'objet de fabrique et de commerce le plus considérable, ses forges d'ancres qui sont très curieuses, et d'être prêts à partir à leur passage pour courir sur leur chaise jusqu'à Briare, où nous arrivâmes une demi-heure avant eux, et longtemps avant la nuit. Ils poussèrent sur le champ jusqu'à Paris. et j'aurais beaucoup mieux fait d'en faire autant, d'autant plus qu'ils m'offrirent de se gêner pour me faire place dans leur chaise, au cas que le mauvais temps continuât ou que je me fatiguasse trop de courir à cheval; mais je n'aime point à gêner les gens, je venais d'essuyer la pluie pendant toute une poste, la nuit tombait; et plus que tout cela, et peut-être cela seul, je m'étais engagé de faire route jusqu'à Paris avec une personne qui ne se sentait plus en état de courir; car pour moi, quand je suis en train d'aller, et que le temps me favorise, je courrais tout autour de la terre sans que cela me fatiguât assez pour m'en dégoûter.

Cosne est une ville plus petite encore que *La Charité*, où j'ai oublié de dire que les Bénédictins ont une grande maison à l'extrémité de la ville, posée contre un coteau qui lui fait conserver une pente considérable jusque dans l'intérieur de ses cloîtres; ses jardins ne sont qu'une suite de terrasses, surmontées les unes sur les autres jusqu'au rempart. Cette partie des rivages de la Loire est sablonneuse et maigre, agréable l'été néanmoins; les chemins y sont très beaux, excepté dans quelques endroits où, la fureur des alignements l'ayant emporté, on a abandonné des parties excellentes pour en travailler d'autres qui, de quelque temps, ne seront bien praticables. On a outré les choses à cet égard dans quelques parties du Bourbonnais ; j'y ai vu abandonner des chaussées parfaites pour passer dans des marais que 30 ans de travaux, indépendamment des ponts, ne rendront pas aussi roulants que l'ancien chemin, dont la plus grande distance n'est pas quelquefois de 200 pas. Quand on songe à la misère du peuple, à l'indifférence et au peu d'attention, ou à la partialité et par conséquent à la vexation de ceux qui commandent, à la hauteur, la dureté et la violence de ceux qui font exécuter, et à mille autres choses relatives à ceci, et qui tendent à aggraver les peines des malheureux cultivateurs, on ne peut s'empêcher de gémir sur les corvées.

Enfin nous voilà à *Briare*, autre petite ville, également sur la Loire, et à l'embouchure du canal de son nom ; cet endroit est encore moins considérable que les précédents, et a de l'apparence cependant par les grandes auberges qu'on y voit ; c'est le chemin le plus fréquenté des provinces méridionales à Paris, soit qu'on suive le canal ou la grande route par Montargis, soit qu'on descende jusqu'à Orléans. C'est l'entrepôt de toutes les marchandises et denrées qui, descendant par la Loire, s'acheminent par le canal ; car celles qui remontent de la Bretagne, du Poitou, de la Touraine ou de l'Anjou jusqu'à Orléans, y enfilent le canal de son nom, lequel va rejoindre celui de Briare au-dessous de Montargis ; c'est enfin le lieu d'un mouvement perpétuel de circulation, tout finissant, ici comme ailleurs, par se diriger du côté de Paris, ce grand gouffre de la France.

VI. — *De Briare à Paris.*

Entraînés par le torrent, nous voguons sur ce canal,

le 15 décembre, dès 4 heures du matin, et en compagnie aussi nombreuse que mal choisie. Qu'on invente toutes les expressions qu'on voudra, je doute qu'on en trouve qui fassent concorder tout l'ennui et le dégoût de cette voiture. On compte 12 à 13 lieues de Briare à *Montargis*, et il est évident que le trajet est plus long par le canal, qui comprend en tout 65 écluses, dont 40 dans cet espace sont traversées dans la première journée. Le pays est affreux; ce n'est que montagnes et tristes vallées à traverser; il est vrai que la saison et le temps mettaient le comble à l'horreur des aspects: de mauvais bois ou broussailles, des côtes arides, incultes, un petit coche où l'on est serré comme des harengs dans une caque, petites fenêtres par où l'on ne voit rien, et que voir? par où l'air ne saurait entrer, chemins affreux sur les bords du canal, pluie continuelle, temps d'un doux accablant: dessécher, consumer et périr d'ennui et de gêne, comme un malheureux enchaîné, toujours dans la même situation sans en pouvoir changer, et manquer d'air; enfin encore un jour pareil et je serais mort, tant je me sentais perdre et défaillir à chaque instant.

Montargis, où l'on couche, est une ville passablement grande et assez peuplée, sur la rivière de Loing, qui fournit à la suite du canal en passant dedans ou l'accompagnant, suivant les dispositions ou le besoin; c'est la capitale du Gâtinais, assez proche de la partie de cette province qui est renfermée dans le gouvernement de l'Ile-de-France, mais cependant dans l'Orléanais.

Le 2ᵉ jour, 16, nous entrâmes sur les terres de l'apanage de M. le duc d'Orléans; le canal y est mieux entretenu, plus évasé, dans un pays plus plat, planté d'arbres de chaque côté; et, quoique la vallée soit serrée en bien des endroits, cette route doit-être très agréable l'été, mais à pied. Le temps permit de prendre terre, et je me dédommageai de mon mieux et du jour et de la veille, en courant d'écluse en écluse ; nous nous arrêtâmes même près d'une heure à *Nemours*, ayant devancé le coche pendant qu'il traversait plusieurs écluses de suite, car cette voiture ne s'arrête point, et il faut faire ses provisions chaque soir pour le lendemain.

Les droits de péage sur la partie du canal qui précède Montargis sont perçus au profit d'une compagnie, et ici à celui du prince ; les uns et les autres, surtout les derniers, sont très considérables.

Il était tard lorsque nous arrivâmes en Seine, à 2 ou 3 lieues au-dessous de *Montereau*, 14 à 15 lieues au-dessus de Paris, où nous avions lieu d'espérer d'aller coucher le lendemain, comme il est d'usage ; mais un vent furieux et contraire excita une telle tempête, qu'il fallut relâcher à 4 lieues de Paris, et y coucher sept, 4 hommes et 3 femmes, en 3 lits dans une même chambre. On juge bien comme on se couche et comme on dort en pareille rencontre. Trois jours de suite se lever à 3 heures du matin, et voyager quelquefois jusqu'à 10 heures du soir ; il est terrible de respirer un fort mauvais air en fort mauvaise compagnie pendant 19 heures de suite pour faire 10 lieues !

Comme on change de coche à la couchée de l'entrée de la Seine pour en prendre un beaucoup plus grand, et qu'on est très mal et fort chèrement dans les gargottes qui bordent cette rivière, la plupart des voyageurs couchent ou ne couchent point, mais restent sur l'eau. C'était un dimanche, le 17, toute la voiture fut à une messe qui se dit pour elle à Melun. Les rivages des environs de Paris sont assez connus, et j'ai parlé ailleurs de ceux-ci.

Il m'arriva, à la dernière couchée, un accident bien singulier en ce que les suites n'en furent pas très tragiques ; le matin, en sortant de la chambre le premier, sur les 3 heures, ayant laissé la lumière aux autres, comptant descendre l'escalier tout doucement en tâtonnant, je manquai la première marche, plus rapprochée que je n'avais cru, et tombai la tête la première très avant, presque au fond de cet escalier; je fis en cette occasion l'épreuve la plus complexe de la vitesse de la pensée: d'abord en tombant, sans être retenu par rien, ni toucher à rien, croyant le mur du côté où il n'était pas, je fis effort pour m'y élancer, réfléchissant bien que je m'y donnerais un furieux coup, mais moins terrible qu'en me précipitant; sentant que je l'avais manqué sans aucune espèce de secours avant d'arriver au fond, je m'abandonnai par réflexion, et je me disais: « Tu vas avoir la tête fracassée et tu mourras peut-être sur la place; tu auras du moins quelque bras ou quelque jambe cassée, peut-être tous les deux, cela est immanquable; mais d'y songer actuellement ne servirait de rien, ainsi va ton train! » Je fis toutes ces réflexions, et beaucoup d'autres, mais fort distinctement, avant la fin de la chûte. Le trouble ne commença qu'après, non dans l'esprit, où il ne pénétra jamais, mais dans la machine, où l'émotion fut telle que, pendant deux jours ensuite. je ne pus monter ni descendre d'escaliers sans un tremblement considérable dans les jambes, dont l'une avait été râclée transversalement sur le côté, au-dessous du genou, par une des dernières marches, avec un peu d'écorchure et beaucoup de douleur, tout le poids du corps s'était porté sur l'extrémité du médius de la droite, qui en faisait l'avant-garde. Cette pointe de doigt enfla de la grosseur d'une noix; elle jeta du sang, la peau se durcit, il s'y amassa une eau rousse et âcre, le docteur me la fit passer. Bref, je n'en souffris que 7 à 8 jours; je n'y fis rien; une nouvelle peau a pris la place de l'ancienne, et il n'y parait plus.

VII. — *Paris*.

Nous arrivâmes donc à *Paris* le 18, sur les 9 heures du matin, et il en était 10 avant que d'être gîté. Je n'avais pas beaucoup d'affaires à Paris, mais on y en fait bien peu en peu de jours, et je n'aurais pas été fâché d'y allonger un peu le temps, si cet homme, dont j'ai parlé au commencement (1), implacable dans ses haines enfantées dans l'ignorance et nourries dans l'orgueil, ne m'eût de nouveau horriblement tracassé. J'y vis précipitamment quelques-unes de mes connaissances; j'allai reconnaître, comme à chaque voyage, les places, les édifices, les monuments auxquels on travaille; je vis entre autres avec le plus grand intérêt le vaste et magnifique tombeau du maréchal de Saxe (2), dont il ne reste plus que quelques parties à finir. Le maréchal descend au tombeau que la Mort lui montre, avec un air ferme sans morgue, grand sans fierté; la France, accablée de crainte et de douleur, veut le retenir d'une main et repousse la Mort de l'autre; à droite sont le Lion, le Léopard et l'Aigle renversés sur des armes brisées ou fuyant à travers; à gauche sont les drapeaux de la France, du côté desquels est tourné le Génie de la guerre en pleurs; à l'autre bout du tombeau, vis-à-vis la Mort, est Hercule, symbole de la Force, triste, pensif, et semblant abandonner et renoncer à toute entreprise qui en demande. La composition est noble et fort ingénieuse, et les détails traités avec beaucoup d'art; l'ensemble est admirable.

---

(1) Dans une des pages du commencement que je n'ai pas reproduites, parce que le passage était trop obscur pour qu'on en pût rien tirer. Il s'agit sans doute d'un des chefs de Roland, peut-être de Jean Holker, inspecteur général des manufactures, avec lequel il était en fort mauvais termes (voir là-dessus mon édition des *Lettres de Mme Roland*, t. II. p. 627-641).

(2) De Pigalle.

Je vis, dans le même atelier de M. Pigalle, un groupe de sa façon, de 4 pieds à 4 pieds et 1/2 de haut, représentant l'Amour et l'Amitié, d'un travail fini et très délicat, et une statue de même hauteur de Mme de Pompadour, également bien faite. Tout ce qui est figures ou tombeau est en marbre blanc, l'architecture seule est en marbre noir. J'y vis aussi d'excellents antiques, mais entre autre un grand morceau en marbre blanc qui m'a paru de la plus rare beauté; c'est un Persée venant de couper la tête de Méduse, sanglante près de lui, qui, d'un air tranquille et assuré, est assis, la jambe croisée sur une cuisse et tenant encore en main son épée dégouttante; brisé par parties, elles ont été rejointes au mieux.

Je fus de là chez M. Coustou (1), où se commence le tombeau du Dauphin et de la Dauphine (2). L'autre est pour être plaqué: on doit faire le tour de celui-ci. C'est un tombeau très élevé sur lequel sont déposées deux urnes, que le Temps, une des quatre figures qui sont aux coins, découvre d'un grand voile. Les autres sont l'Hymen en pleurs, qui éteint son flambeau, la Science qui regarde tristement à ses pieds des livres, des sphères, des instruments de mathématique confondus, renversés, et l'Immortalité, au pied de laquelle est un Génie qui tient une guirlande brisée. Les détails s'annoncent bien et seront vraisemblablement très beaux, mais je doute que le total, l'ensemble fasse un bel effet. Au reste, on n'en jugera bien que lorsqu'il sera placé où il doit l'être, dans la cathédrale de Sens.

Je vis chez le même auteur un Mars et une Vénus,

----

(1) Guillaume Coustou (1716-1777), fils et neveu des deux grands Coustou. Ils étaient de Lyon, ce qui explique peut-être que Roland les connût.

(2) Le Dauphin, Louis de France, père de Louis XVI. Mort en 1765, et sa femme, Marie-Josèphe de Saxe, morte en 1767.

grandes statues aussi, en marbre blanc, finies et prêtes à être expédiées au roi de Prusse, pour qui elles ont été faites. La Vénus surtout m'a paru charmante; mais je trouve un peu de roideur dans le col de Mars, et, quoique pour être placé auprès ou servir de pendant à la Vénus, un air, non pas trop doux, mais point assez mâle pour le dieu de la Guerre. On lui [a] aussi frisé la tête en une infinité de petite boucles comme celle de l'Antinouïs, ce qui ne me paraît pas convenable dans ce caractère-ci. L'atelier des modèles chez ce maître abonde en tous genres.

Je suivis tous les spectacles: l'Opéra, encore aux Tuileries, me parut plus ennuyeux que jamais, et les Français décliner de jour en jour, faute de pièces nouvelles et passables, ou de bons acteurs pour jouer les anciennes. Je vis avec peine que le théâtre de la nation était obligé, pour avoir des spectateurs, de s'avilir aux danses les plus basses, aux pantomimes les plus triviales, à faire paraître des diables et des monstres sur la scène, etc... A l'égard de Italiens, ils sont ce qu'ils ont toujours été, des bouffons, qui néanmoins font la meilleure musique qu'on puisse entendre à Paris.

VIII. — *Excursion à Longpont.*

Je partis de cette grande ville le 23, à 5 heures du matin, dans une pluie à seaux, par une charrette couverte que je fis prendre, au travers des ruisseaux, d'auprès de Saint-Nicolas-des-Champs, au plus haut de la rue Saint-Jacques; et, passant par *Longjumeau*, j'arrivai, 6 lieues de là, tout près de *Montlhéry*, vis-à-vis *Longpont;* à trois quarts de lieues dans la traverse (1). prieuré de Bénédictins, où j'ai un frère, avec

____

(1) Autrement dit, quand Roland quitte la voiture, il lui reste encore à prendre un chemin de traverse de trois quarts de lieue pour arriver au prieuré de Longpont, où est son frère, Pierre.

lequel j'allais passer les fêtes de Noël. Je les y passai en effet fort agréablement. Ce frère n'a qu'un an de plus que moi; il a un cœur sensible, mais sans démonstration, plus d'esprit qu'aucun, beaucoup de finesse même, la philosophie de s'accommoder de tout, plus encore même, mais sans que cela paraisse; on ne peut plus régulier, poli, honnête, et l'annonçant par sa figure et son air. C'est celui pour lequel j'ai toujours conservé le plus de tendre, et le seul pour lequel je n'aie rien, absolument rien de caché; il est tout plein de mes sentiments (1), auxquels il n'acquiesce pas; mais je puis m'entretenir librement de tout, parce qu'il me tolère tout.

La maison de Longpont est de 6 religieux; c'est un bénéfice-cure. Le bâtiment, sans être un des plus grands, est un des plus beaux de l'ordre. Sa situation, sur une grande vallée en prairies arrosées par la rivière d'Orge, et bordées de coteaux, en terres, vignes, et beaucoup de bois, est très agréable; mais malheureusement ce sont toutes maisons ou châteaux appartenant à de grands ou gros seigneurs qui n'y restent qu'une petite partie de l'année, et qui se voient très rarement entre eux, parce que chacun a ses connaissances qui viennent de Paris, de façon qu'un très vaste pays, fort bien cultivé pour les choses d'agrément, est désert les trois quarts de l'année. L'air y est bon, la nourriture saine, et les religieux y ont très bien reçu le frère de leur confrère, qui y vicarie bonnement en attendant la cure (2).

Les campagnes de Paris ici, route d'Orléans, sont également parsemées de châteaux ou maisons de plaisance;

----

(1) D'incrédulité.

(2) Ainsi Pierre Roland n'était alors que vicaire. Quelques années après, nous le trouvons transféré à Paris, en qualité de prieur du collège de Cluny (il l'était déjà en 1776). Mais en 1778 il obtient de retourner à son cher Longpont, avec le titre de curé-prieur; il y mourut le 23 novembre 1789.

mais pas la moindre habitation d'un petit propriétaire, la moindre chaumière d'un habitant, si ce n'est sur le chemin même, comme à *Longjumeau*, *Linas*, *Montlhéry* et peu d'autres; encore sont-ce plutôt des artisans que des paysans. On a beaucoup crié, et moi-même, contre les moines, dont les possessions envahissent des pays entiers; mais que font-ils de pis que ces gens-là? ils consomment sur les lieux du moins, au lieu que tout le reste est engouffré dans la capitale.

Après avoir parcouru les environs de Longpont et surtout visité la tour de Montlhéry, célèbre par la retraite du hibou qui porta l'effroi dans la Ste-Chapelle (1), j'en partis à cheval dans l'après-midi du 18, pour revenir à Paris où je restai encore trois jours, à voir et à faire assez peu de choses fort à la hâte, et définitivement j'abandonnai ce pays de chaos le jour de sa plus grand agitation, le 1ᵉʳ janvier.

VIII. — *De Paris à Amiens.*

Je pris la diligence de Beauvais, grande voiture à dix places, où je ne trouvai qu'un petit surnuméraire des gardes du Roi dans la compagnie de Noailles, qui a sa garnison dans cette ville. La ressource d'un militaire! d'un jeune militaire! d'un jeune militaire gascon! Poli cependant, mais depuis peu au corps, et annonçant encore, parmi quelques traces des sentiments d'un gentil-homme de campagne, des restes de mœurs acquises et conservées sous les ailes d'une bonne mère.

On se prend, on fait route, on jase, on vit ensemble, on se quitte; toujours nouveaux visages, plus nouveaux esprits, plus nouveaux caractères encore: voilà le sort des voyageurs. Le mien dans ce trajet fut en outre de

---

(1) Allusion à un épisode du *Lutrin*, de Boileau.

beaucoup penser à l'avenir, me repliant souvent sur le passé, et d'en tirer des résultats qui ne m'étaient plus nouveaux, mais que j'écrirai un jour si j'en ai le courage.

Cette diligence part de deux jours l'un, à 5 heures précises, pour arriver sur les 5 à 6 heures du soir, environ 16 lieues, 18 de poste; on dîne à *Beaumont* (1), petite ville à moitié route. Toujours de grands châteaux, de grands parcs, beaucoup de gibier, et presque point d'hommes. Ces pays, beaux à la manière des Parisiens, me paraissent fort tristes; car la misère et l'opulence qui sont inséparables me choquent également l'une et l'autre.

Le terrain est sablonneux et aride en beaucoup d'endroits. Nous vîmes, après Beaumont, un épanchement considérable de l'Oise et des échappées de vue du côté de Clermont. Vient ensuite *Noailles* (1), et toujours de grandes terres, jusqu'aux approches de Beauvais, les propriétés sont rares et le territoire assez maigre.

Beauvais est une ville passablement grande, plus commerçante que jamais, et dépeuplée, disent les habitants, d'environ 1/5 depuis le commencement du siècle; on n'y compte guère actuellement que 12.000 âmes. Son plus grand commerce consiste en ses fabriques de gros lainages, tels que des molletons et des ratines, dont on fait friser la plus grande partie; toutes les opérations se font à la faveur du Thérain, petite rivière qui la traverse.

La manufacture des tapisseries, qui sont précisément les mêmes que celles de la basse-lice des Gobelins n'occupe que les ouvriers nécessaires pour les ouvrer, car on envoie des Gobelins même les soies et les laines, toutes teintes et prêtes à mettre en œuvre. On y traite aussi à peu près les mêmes sujets. Le Roi s'y fournit

---

(1) Beaumont-sur-Oise.
(1) Chef-lieu de canton de l'Oise.

tous les trois ans une collection de tableaux, suite d'un
même sujet, ou divers qui puissent s'accoller pour garnir
un appartement, et il en retire les premières pièces aux
armes de France et de Navarre. On vient d'y traiter
actuellement de beaux morceaux de l'Iliade, de Deshaye,
pour la couronne. Le plus grand nombre des pièces est
de Boucher et de Le Prince; ce dernier a fourni en
dernier lieu 4 pièces de fêtes russes, en très grand
nombre de personnages très froids, plus encore que le
climat; c'est une composition chargée et confuse, où il
semble n'avoir jamais assez entassé de sujets et d'attributs. Toutes ces tapisseries à personnages se vendent 60 l.
l'aune courante; les simples verdures sont moins chères.
Les petits fauteuils, bergères, etc... sont d'Oudry, char-
mants, et se vendent environ 300 l. le fauteuil. Il y a
eu jusqu'à 60 ouvriers sur les métiers dans cette manufacture; il n'en reste pas 40 actuellement.

Beauvais renferme encore deux manufactures de
toiles peintes fort ordinaires; l'une a 1, et l'autre de 7
à 8 tables d'impression, sans rien du beau bleu d'Angleterre. Le travail est plus considérable l'été, dit-on, et c'est
vraisemblable; et une blanchisserie de toiles qui a et
mérite de la réputation parmi celles de France, où cette
importante branche de commerce est plus négligée que
nulle part.

Le chœur de la cathédrale, si vanté, et qui mérite de
l'être par son élévation, sa légéreté et sa hardiesse,
menace ruine par les bas-côtés, dont on a étayé quelques
parties et enchaîné en dedans quelques autres. 12 cano-
nicats d'un médiocre revenu. La place, sur un carré
long, est belle, mal bâtie, néanmoins, si ce n'est l'hôtel-
de-ville, dont la façade régulière et d'un assez bon goût
garnit la plus grande partie d'un des côtés.

La ville n'a rien de bien d'ailleurs; elle est entourée
plutôt de débris de remparts que de remparts, plantés du

mieux qu'on a pu, dont quelques parties font d'assez jolies promenades. Au delà, de chaque côté d'une petite vallée grasse et fertile, sont des côteaux de vignes dont le vin est de mince qualité.

J'avais passé par cette ville, que je connaissais déjà, pour y revoir d'anciens objets de fabrique et prendre quelques éclaircissements sur de nouveaux, tels que les résultats d'expériences faites de certaines terres à fouler, et d'une mine de vitriol de mars sur laquelle il avait été tenté plusieurs fois quelque exploitation. Je comptais m'adresser pour cela, et contre mon ordinaire, car je ne confraternise guère, et j'ai de bonnes raisons pour cela, à l'inspecteur des manufactures du lieu. Arrivé à mon auberge, l'*Ecu de France*, je n'eus rien de plus pressé que de demander si on le connaissait : « C'était mon ami, me dit l'hôte ; il a vécu longtemps chez moi ; je l'engageai enfin à me quitter, parce que cela lui coûtait trop ; nous nous voyions toujours, et mangions quelquefois l'un chez l'autre ; il prit ensuite un jardin, filles, jeunes gens, etc... bref, il a un peu dérangé ses affaires et s'est fait capucin ». — « Ah, Monsieur, me disait-il à chaque période, c'était un homme d'un grand esprit : il voyait tout ce qu'il y a de mieux, monsieur le subdélégué ; Monsieur, il a fait des mémoires, c'est tout ce qu'il y a de mieux ; des choses admirables... et, c'était un homme d'un grand esprit ! » Cette grande ressource me manquant, j'allai de mon mieux terre à terre, et je ne pus faire que de faibles découvertes.

La journée du 2, que je passai à Beauvais, fut triste ; une petite pluie, sans empêcher absolument d'aller, obscurcissait le temps et gênait beaucoup. J'avais compté prendre un cheval quite, mais on n'en fournit plus ; ce ne fut qu'à force de mouvement et d'argent que j'en obtins un, et il était plus de 9 heures du matin, le 3, avant que j'eusse pu me mettre en marche. Je partis, menai et soutins si bien le petit cheval qu'on m'avait fourni, que, passant par *Breteuil*, et ne m'arrêtant qu'à 1 lieue par delà, 3/4 d'heure seulement pour l'avoine, j'arrivai entre 4 et 5 heures du soir à Amiens (15 lieues).

Publié par Cl. Perroud.

* 9 7 8 2 0 1 3 4 6 8 7 2 5 *